Die Kinderbibel für Weltentdecker

Für:

_____

Von:

_____

Datum:

_____

Rich Stearns ist der Präsident der Hilfsorganisation World Vision U.S. Über vierzig der Länder, in denen World Vision tätig ist, hat er bereits selbst bereist. Gemeinsam mit seiner Frau Reneé sammelte er die Geschichten für diese Kinderbibel.

Die Kinderbibel für Weltentdecker

Rich & Reneé Stearns
Carolyn Larsen
Martina Peluso (Illustration)
Aus dem Amerikanischen
von Ramona Itzeck
und Rolf Hilger

Mit Texten von Judy Bailey, Anke Kallauch u.v.m.

SCM

Stiftung Christliche Medien

Der SCM Verlag ist eine Gesellschaft der Stiftung Christliche Medien, einer gemeinnützigen Stiftung, die sich für die Förderung und Verbreitung christlicher Bücher, Zeitschriften, Filme und Musik einsetzt.

© der deutschen Ausgabe 2016
SCM-Verlag GmbH & Co. KG, 58452 Witten
Internet: www.scm-verlag.de; E-Mail: info@scm-verlag.de

Originally published in English under the title: *God's Love for You Bible Storybook*
© Text and illustrations, World Vision, Inc.
Published by arrangement with Thomas Nelson, a division of HarperCollins Christian Publishing, Inc.

Illustriert von Martina Peluso

Fotos World Vision:
Jon Warren: 19, 62, 63, 71, 76, 77, 85, 100, 101, 104, 116, 117, 144, 156, 157, 164, 165, 178, 179, 190, 191, 202, 224, 228, 243, 246, 265, 271; **Laura Reinhardt**: 22, 38, 39, 108, 148, 149, 160, 242: **Andrea Peer**: 50, 51, 182; **Steve Reynolds**: 34, 35, 92; **Kari Costanza**: 42, 93; **Leonard Makombe**: 96, 97; **Bardha Prendi**: 194, 195; **Makopano Semakale**: 80, 81; **Srinivas**: 66, 67; **World Vision Staff**: 234, 260; **James Addis**: 225; **Amio Ascension**: 128; **Klevisa Breshani**: 264; **Fasil Damte**: 218; **Khalid Hussain**: 29; **Heidi Isaza**: 35; **Hasanthi Jayamaha**: 250; **Collins Kaumba**: 112; **Shirley Kimmayong**: 120; **Sopheak Kong**: 59; **Jon Kubly**: 58; **Cecil Laguardia**: 67; **Alain Mwaku**: 172; **Abby Stalsbroten**: 206; **Jane Sutton-Redner**: 132; **David Ward**: 254
World Vision Deutschland: 89, 140, 141
World Vision Schweiz: 63:
Weitere Fotos:
pixabay: 70, 89, 141, 168, 169; Wikimedia Commons: 71 (Ina96; Marco Schmidt; Julienls); John M. Curry: 84, 85; privat: 88, ;
Anke Kallauch: 120; Hannes Leitlein: 152; Courtesy of the Bradley Family: 198; Alyssa Bowerman/
Cornerstone University: 271; Hal Yeager/Genesis Photos: 238

Stock images p#/artist © Shutterstock: 19/catwalker, FloridaStock, 23/MariusdeGraf, Andre Nantel, 29/istockphoto-thinkstock, 35/Rafael Martin-Gaitero, 39/iafoto, 43/Dmitry Saparov, 51/kaband, 59/udeyismail, 71/mythja, Eric Isselee, Oleg Znamenskiy, 77/suns07, lawyerphoto, 81/Aleksandar Mijatovic, 85/Guido Amrein, Switzerland, Nathan Holland, 93/PlusONE, 97/hidddenace, 101/ilbusca–istockphoto, 105/arindambanerjee, 109/Attila JANDI, 113/Przemyslaw Skibinski, Georgios Kollidas, 117/africa924, 121/haveseen, 129/Jorg Hackemann, Isa Ismail, 133/Pal Teravagimov, africa924, 145/Ben Heys, Aleksander Mijatovic, 149/Marcel Dufflocq W, 153/Nyord, Dhoxax, 157/Ralf Kleemann, 161/Emi Cristea, Erik Mandre, 165/Eric Isselee, 169/Monika Hrdinova, 173/Photovolcanica.com, 183/Banana Republic Images, 191/Serg64, 195/Dionisvera, 199/Holger Wulschlaeger, AridOcean, 203/FloridaStock, 207/AlenKadr, 219/JM Travel Photography, Dereje, 225/Galyna Andrushko, 229/Dr Morley Read, 235/Boris Stroujko, 239/David Vogt, Eric Gevaert, 243/fckncg, 247/Dereje, Pascal Rateau, 251/joyfull, 255/Racheal Grazias, Dmitry Kalinovsky, 261/mmartin

Umschlaggestaltung: Katie Jennings, Christoph Möller (für die deutsche Ausgabe)
Satz: Katrin Schäder, Velbert, Christoph Möller, Hattingen
Druck und Bindung: Dimograf
Gedruckt in Polen
ISBN 978-3-417-28762-2
Bestell-Nr. 228.762

Für
Sarah, Andy, Hannah, Pete und Grace
und die vielen anderen Kinder,
die wir auf unseren Reisen getroffen haben.
Ihr helft uns, die Welt mit Gottes Augen zu sehen!

Dankeschön

... an all die hunderte World Vision-Botschafter,
die beständig daran arbeiten,
die wichtigen Geschichten von Gottes Wirken im Leben
seiner Kinder auf der ganzen Welt festzuhalten.

Inhalt

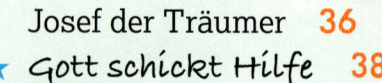
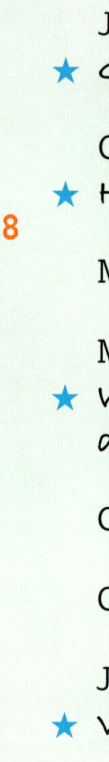

Neues Testament

Vorwort

Liebe große und kleine Weltentdecker,

in euren Händen haltet ihr eine ganz besondere Kinderbibel. Was macht sie so außergewöhnlich?

Sie erzählt die spannenden Geschichten von Mose, Abraham, Rut und zahlreichen anderen Personen aus der Bibel. Darüber hinaus enthält sie viele Erlebnisse, die Menschen aus unserer Zeit rund um den Erdball mit Kindern gemacht haben. Uganda, der Irak und Indien sind nur einige Länder, in denen die Lebensbedingungen oft schwer sind. Die Berichte, wie Menschen dort leben, berühren unser Herz.

Die Geschichten der Bibel erzählen von Begegnungen und Erfahrungen mit Gott. Auch wenn sie schon zweitausend Jahre und älter sind, sind sie immer noch kraftvoll und manchmal auch geheimnisvoll. Die Liebe spielt dabei eine besonders große Rolle. Dies gilt vor allem für Gottes Liebe zu uns Menschen. Durch Jesus ist sie ganz deutlich geworden. Diese Liebe gibt uns Menschen die Kraft, um vieles zu bewältigen und vor allem auch anderen Menschen mit Liebe zu begegnen. *World Vision* ist auf der ganzen Welt für Kinder im Einsatz, und davon erzählen die Geschichten, die rund um den Erdball passiert sind.

Seid ihr neugierig geworden? Die Entdeckungstour in die große weite Welt kann beginnen … seid ihr dabei?

Viel Freude und Segen beim Betrachten und Lesen!

Hans-Werner Durau
SCM-Verlag

Christoph Waffenschmidt
World Vision Deutschland

André Mebold
World Vision Schweiz

Altes Testament

Gottes wunderbarer Schöpfungsplan

Nach **1. MOSE 1**

Am Anfang gab es keine Erde, keinen Himmel, keine Pflanzen und kein Land, keine Tiere oder Menschen. Aber Gott war da. Er hatte den unglaublichen Plan einer Welt mit herrlich blauem Himmel, großen grünen Pflanzen, kuscheligen und witzigen Tieren und – das ist besonders wichtig – einer Welt mit dir!

Gott sprach drei kraftvolle Worte: „Es werde Licht!", und seine Schöpfung begann. Licht durchbrach die Dunkelheit. Gott nannte das Licht *Tag* und die Dunkelheit *Nacht*.

**Dies war der erste Tag und Gott war
mit seiner Arbeit sehr zufrieden.**

Am zweiten Schöpfungstag trennte Gott Land und Himmel voneinander und gestaltete die Erde so, dass Leben darauf entstehen konnte. Am dritten Tag formte er zerklüftete Berge, grüne Felder und tiefblaue Meere. Er ließ Pflanzen wachsen: hohe Bäume mit saftigen Früchten, Gemüsepflanzen und wundervolle, große Blumen. Gott sah, dass alles, was er gemacht hatte, gut war.

Am vierten Tag der Schöpfung füllte Gott den Himmel mit Lichtern. Er schuf einen Mond und funkelnde Sterne für die Nacht und eine strahlende Sonne für den Tag. Gott freute sich über alles, was er gemacht hatte.

Am fünften Tag schuf Gott Millionen von Fischen und anderen Wesen, die im Wasser leben, wie zum Beispiel Oktopusse und Seeigel. Außerdem schuf er bunte Vögel, die am Himmel umherfliegen sollten. Gott war auch damit sehr zufrieden.

Der sechste Tag war ein besonderer Tag! Gott machte die Tiere, die auf dem Land leben. Vom winzigsten Babyhasen bis hin zum größten Elefanten, vom weichen Lamm bis hin zum brüllenden Löwen machte Gott sie alle! Und dann schuf Gott das Wichtigste.

Gott wollte eine wunderschöne Welt erschaffen, über die sich die Menschen freuen.

Er war sehr froh über alles, was er gemacht hatte.

Gott erschuf Menschen nach seinem Bild

Nach 1. MOSE 1–2

Was Gott zuletzt erschuf, war besonders beeindruckend. Gott sagte: „Wir wollen Menschen erschaffen nach unserem Bild, die uns ähnlich sind." Er nahm Staub vom Boden und formte daraus den ersten Mann. Gott blies Atem in den Mann, und so wurde er zum ersten lebendigen Menschen! Gott nannte ihn Adam. Gott wusste, dass seine Schöpfung sehr gut war. Am siebten Tag ruhte Gott sich aus. Gott hatte einen wunderschönen Garten gemacht, in

dem Adam leben sollte. Dieser Garten hieß Eden. Gott erlaubte Adam, alle leckeren Früchte von den Bäumen im Garten zu essen. Einen Baum jedoch gab es, von dem er sich fernhalten sollte: Adam durfte keine Früchte vom Baum in der Mitte des Gartens essen – dies war der Baum der Erkenntnis des Guten und Bösen. Gott sagte: „Wenn du eine Frucht von diesem Baum isst, wirst du sterben."

Als Nächstes gab Gott Adam eine Aufgabe, die viel Spaß machte: Adam durfte allen Tieren Namen geben! Egal, welchen Namen Adam aussuchte – das Tier wurde so benannt. „Du sollst ein Bär sein. Du bist ein Schmetterling. Dich werde ich Elefant nennen. Und du? Du siehst aus wie ein Orang-Utan!"

Gott wollte, dass Adam sich einen Freund oder Helfer suchte, also hielt er danach Ausschau, während er den Tieren Namen gab. „Nein, Tiger, du bist nicht der Richtige. Nein, ein Pinguin passt auch nicht. Und du, Känguru, hüpfst mir zu viel!" Adam fand kein Tier, das sich als guter Freund oder Helfer für ihn eignete. Doch Gott hatte eine Idee. Er ließ Adam einschlafen. Dann nahm er eine Rippe von Adam und formte Eva daraus, die erste Frau. Als Adam Eva sah, wusste er, dass sie genau die Richtige für ihn war! Er sagte:
„Sie wird meine Freundin und Helferin sein! Ich werde sie *Frau* nennen."

Alle Menschen sind nach Gottes Bild geschaffen.

Und Gott liebt jeden Einzelnen!

Mit Liebe von Gott geschaffen

Als die zwölfjährige Teuta die riesigen hölzernen Kirchentüren aufstieß, traute sie ihren Augen kaum. Dort lachten und spielten Kinder, und in einer Ecke lasen Jungen und Mädchen ein Buch. Teuta wünschte sich, sie könnte zu ihnen gehen, anstatt alleine durch ihr Viertel in Tirana, der albanischen Hauptstadt, zu wandern.

Als Lindita und Marigela das kleine, einsame Mädchen in der Tür stehen sahen, baten sie es herein. Dann stellten sie ihm die anderen Kinder vor. Hier hörte Teuta auch von Jesus.

„Es war so wunderbar, als ich mein erstes Buch las: *Mit Liebe von Gott geschaffen*", erzählt Teuta. „Zum ersten Mal erfuhr ich, dass ich nicht allein bin, sondern dass ich einen Vater im Himmel habe. Er begleitet mich und schenkt mir Liebe und kümmert sich um mich, wenn ich ihn brauche."

So wie Adam und Eva ist jeder Mensch, der jemals gelebt hat, eine einzigartige Schöpfung von Gott. Und Gott liebt jeden von uns genauso sehr, wie er Adam und Eva liebte. Aber manchmal müssen die Menschen daran erinnert werden, dass sie etwas Besonderes für Gott sind. Dann gibt Gott Menschen wie Lindita und Marigela die Aufgabe, Leuten wie Teuta zu erzählen, wie sehr er sie liebt.

Teuta fühlt sich nicht mehr einsam, wenn sie durch die Straßen wandert, weil sie jetzt weiß, wohin sie gehen kann, wenn sie Freunde braucht. Sie kann ins Schulzentrum der Kirche gehen oder mit ihrem himmlischen Vater sprechen.

„Ich habe gelernt, dass Gott immer da ist, wenn ich im Gebet mit ihm spreche."

Das Zentrum, in dem **Teuta** etwas über Gottes Liebe erfährt.

★ **Mutter Teresa**, die den Friedensnobelpreis für ihre Arbeit mit armen Menschen in Indien erhielt, kam aus Albanien. Der nationale Flughafen wurde nach ihr benannt.

★ Zusätzlich zur albanischen Sprache sprechen dort viele Menschen **Griechisch**.

★ Die Albaner nennen ihr Land **Shqipëria**, das bedeutet Land der Adler.

Hast du das
gewusst?

Sünde ist der Grund für Krieg, Armut, Leid und Hungersnöte auf dieser Welt. Jeder von uns sündigt, aber Gott hat einen Plan, wie er uns von unserer Sünde befreien kann.

Die erste Sünde

Nach **1. MOSE 3**

Eva lebte gemeinsam mit Adam im Garten Eden. Der Garten war sehr schön, ja, er war sogar perfekt. Sie fanden dort alles, was sie zum Leben brauchten. Gott gab ihnen nur eine Regel: „Ihr könnt von allen Bäumen essen, nur von einem nicht: Nehmt keine Frucht vom Baum der Erkenntnis des Guten und Bösen." Aber leider stellte sich heraus, dass es Adam und Eva nicht gelang, sich an diese eine Regel zu halten.

Eines Tages wurde Eva von einer Schlange gefragt: „Hat Gott euch gesagt, dass ihr *nichts* von den Bäumen in diesem Garten essen dürft?"

„Natürlich dürfen wir von den Bäumen essen", antwortete Eva. „Wir dürfen alle Früchte essen, die wir haben wollen, nur vom Baum in der Mitte des Gartens dürfen wir keine nehmen. Wenn wir sie anfassen, sterben wir. Gott hat uns davor gewarnt."

„Ihr werdet nicht sterben. Gott hat euch nicht die Wahrheit gesagt", erklärte die Schlange. „Gott weiß, dass ihr zwischen Gut und Böse unterscheiden könnt, wenn ihr diese Früchte esst. Ihr seid dann genauso weise wie er."

Hmm, dachte Eva. *Diese Frucht sieht lecker aus.* Sie pflückte eine und biss ein großes, saftiges Stück davon ab. „Adam! Das musst du probieren! Das schmeckt sehr gut!", rief sie. Auch Adam aß einen großen Bissen. Doch sofort wussten beide, dass sie Gottes Regel missachtet hatten und sie schämten sich sehr.

Später, als Gott durch den Garten spazierte, rief er: „Adam, wo bist du?" Aber Adam und Eva versteckten sich. Gott wusste bereits, dass sie gegen seine Regel verstoßen hatten. Sie hatten gesündigt.

Gott sagte Adam und Eva, dass sie deshalb den schönen Garten Eden verlassen mussten.

Gott war sehr traurig, dass Sünde und Tod in die Welt gekommen waren, die er geschaffen hatte. Aber er hatte bereits einen Plan, mit dem er den Menschen zeigen würde, wie sehr er sie liebte. Denn trotz allem waren sie seine ganz besondere Schöpfung.

Gute Nachricht – Jesus vergibt Sünden!

Musstest du schon einmal in eine neue Gegend ziehen oder eine neue Schule besuchen? Es ist manchmal nicht leicht, neue Freunde zu finden. Nun stell dir einmal vor, wie schwierig es wäre, in ein neues Land zu ziehen, dessen Sprache du nicht sprichst.

So ging es Juan, als er von El Salvador in die USA zog. Juan sprach Spanisch, aber alle anderen sprachen Englisch. Da fühlte er sich sehr einsam und suchte nach neuen Freunden. Schließlich traf er auf eine Gruppe von Kindern. Sie taten viele schlimme Dinge, zum Beispiel prügelten sie sich mit anderen und begingen Diebstähle, und sie überredeten Juan, dabei mitzumachen.

Aber dann bekam Juan einen Schülerjob im Restaurant einer sehr netten Frau. „Juan", sagte sie eines Tages zu ihm, als er dort arbeitete, „wusstest du, dass alle schlimmen Dinge, die du getan hast, vergeben werden können?"

Das war eine gute Nachricht für Juan und er wollte mehr darüber erfahren. Denn er hatte viele schlimme Dinge getan. „Gott liebt dich so sehr", erklärte die Frau, „dass er seinen Sohn Jesus geschickt hat, um dich und mich und jeden Menschen zu retten, der seine Liebe annimmt."

Juan freute sich über dieses Angebot. Er betete, dass Jesus seine Sünden vergeben und ihn in seine Familie aufnehmen würde. Und natürlich sagte Jesus: „Ja!"

Juan (links) hilft nun anderen Menschen, Gott zu lieben und ihm zu dienen.

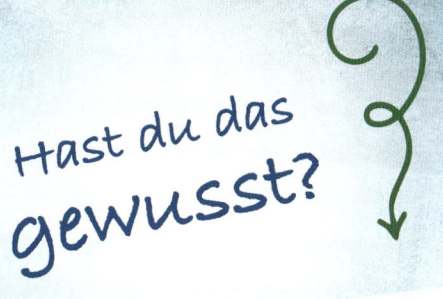

Hast du das gewusst?

★ Im Jahr 1969 begann El Salvador wegen des Ausgangs eines Fußballspiels einen Krieg mit seinem Nachbarland Honduras. Dieser Krieg dauerte 100 Stunden.

★ El Salvador hat 22 Vulkane, von denen viele noch aktiv sind. Darum ist El Salvador auch als Land der Vulkane bekannt.

Noah befolgte Gottes Anweisungen, obwohl sie sehr ungewöhnlich waren.

Und Gott hielt sein Versprechen, Noah und seine Familie zu beschützen.

Noahs großes Schiff

Nach **1. MOSE 6–7**

„Noah!", rief Gott. „Es wird eine Flut kommen, eine sehr große Flut! Sie wird alles vernichten: Städte, Menschen, Pflanzen – *alles!* Ich möchte aber, dass du in Sicherheit bist, darum sollst du ein großes Schiff bauen. Ich werde dir genau erklären, wie du es machen sollst."

Gott ärgerte sich über das Verhalten der Menschen. Jeder dachte nur an das eigene Wohlergehen. Sie waren gemein zueinander und Gott war ihnen egal. Gott hatte versucht, mit ihnen zu reden und ihnen zu sagen, dass sie ihr Leben ändern sollten, aber niemand achtete auf ihn. Niemand, außer Noah. Deshalb wollte Gott, dass Noah von der Flut verschont blieb.

„Du kannst deine Familie auf das Schiff mitnehmen, Noah", sagte Gott zu ihm. „Aber ich möchte, dass du auch Tiere mitnimmst."

Tiere? Wilde Tiere? Wie viele Tiere?, fragte sich Noah.

„Ich möchte, dass du viele Tiere mitnimmst. Ich werde jeweils zwei von einer Tierart zu dir schicken, damit sie auf das Schiff gehen. Sie werden aus der ganzen Welt kommen. Verstau genug Futter für sie und reichlich Essen für deine Familie auf dem Schiff", sagte Gott.

Es war nicht eine einzige Regenwolke zu sehen. Doch Noah begann zu sägen und zu hämmern, um ein großes Schiff zu bauen, genau wie Gott es von ihm verlangt hatte.

Kurz nachdem das Schiff fertig gebaut war, hörte Noah das Stampfen einer großen Horde von Tieren. Sie bewegten sich auf das Schiff zu. Noah trat zur Seite, während Tiere aus aller Welt in das Schiff flogen, hüpften und trampelten. Dann stieg er selbst mit seiner Familie ein.

Gott schloss die große Schiffsluke genau in dem Moment, als es zu regnen begann. Und es regnete und regnete und regnete. Als das Wasser langsam stieg, atmete Noah tief ein und flüsterte ein Dankgebet, weil Gott sie beschützt hatte.

Gott hält sein Versprechen

Nach **1. MOSE 8–9**

Platschend klopften Regentropfen auf das große hölzerne Schiff. Auf den Wellen schaukelte es hin und her, hin und her. *Wie lange werden wir auf diesem Schiff bleiben müssen?*, fragte sich Noah. *Es fängt an zu stinken und ich habe keine Lust mehr, den Tieren hinterher zu putzen.*

Noah und seine Familie waren bereits seit vierzig Tagen auf dem Schiff und es hatte die ganze Zeit geregnet. Draußen war das Wasser höher und höher gestiegen, bis alles darin versunken war. Auf der Erde war alles zerstört, aber Noah, seine Familie und die Tiere waren in Sicherheit.

Eines Tages verstummte das Trommeln der Regentropfen. Es hatte endlich aufgehört zu regnen! Täglich sank das Flutwasser ein bisschen und schließlich landete das Schiff auf der Spitze eines Berges. Die Erde sah nun aus wie eine gigantische Matschpfütze. Noah und seine Familie mussten warten, bis der Boden getrocknet war, bevor es sicher war, das Schiff zu verlassen.

Als Noah endlich die große Schiffsluke öffnete, rannten die Hasen, Rehe, Elefanten und Tiger hinaus. Sie waren glücklich, wieder frei zu sein, und die warmen Sonnenstrahlen fühlten sich herrlich an.

Noah baute einen Altar. Er stellte sich zusammen mit seiner Familie davor, um Gott zu danken, dass er sie beschützt hatte.

„Noah", sagte Gott, „ich verspreche dir, dass ich nie wieder eine so große Flut schicken werde, dass die ganze Welt bedeckt ist. Ein Regenbogen soll das Zeichen für dieses Versprechen sein."

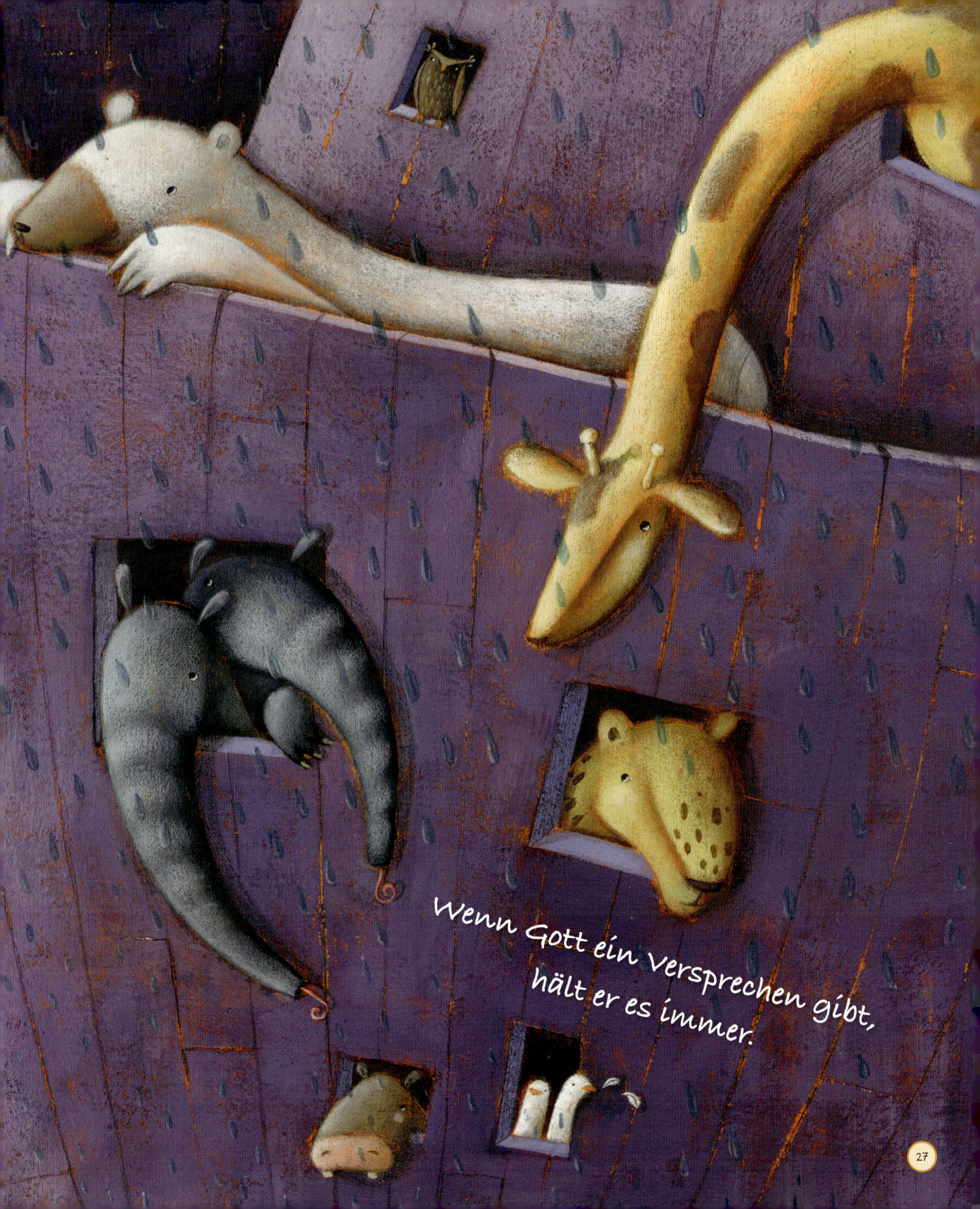

Wenn Gott ein Versprechen gibt,
hält er es immer.

Viel Regen und viel Hilfe

Mosambik ist ein großes Land im Südosten von Afrika. Die meisten Menschen, die dort leben, sind Bauern. Regen ist gut für die Felder, aber einmal regnete es so stark, dass das ganze Ackerland unter Wasser stand! Rosa und ihre vier Kinder sahen zu, wie das Wasser von ihren Knien bis zu den Hüften und dann bis zum Hals anstieg! Was sollten sie tun?

Rosa ließ ihre Kinder auf einen großen Baum klettern und band Seile um ihre Hüften, damit sie nicht herunterfielen. Unglücklicherweise krochen wegen der Flut auch Schlangen auf den Baum. Rosa und ihre Kinder mussten sie mit Ästen vertreiben! Dann beobachteten sie, wie alles, was sie besaßen – ihre Pflanzen, Ziegen, Hühner, Kühe und sogar ihr Haus –, von der schrecklichen Flut fortgespült wurde.

Nachdem Rosa und ihre Familie vier lange Tage im Baum verbracht hatten, wurden sie von einem Helikopter gerettet. Aber nun brauchten sie ein neues Haus, neue Tiere und neue Samen zum Aussäen. Die Kinder brauchten außerdem neue Kleidung und neue Bücher. Und dabei halfen ihnen christliche Freunde. Sie gaben Rosa Samen und liehen ihr Geld, damit sie alles ersetzen konnte, was die Familie verloren hatte.

Gott versprach Noah, dass er nie wieder eine Flut schicken würde, die die ganze Erde zerstören würde. Und er hielt dieses Versprechen. Rosas Familie konnte neu beginnen.

Gott schickte freundliche Christen, um Rosa und ihre Kinder daran zu erinnern, dass Gott sie liebt und dass sie ihm vertrauen können.

In vielen Ländern treiben Überschwemmungen Familien aus ihren Häusern. Diese Menschen aus Pakistan warten auf Hilfe.

Hast du das gewusst?

★ **Elefanten**, Büffel, Zebras, Nilpferde, Löwen, Krokodile und über 300 Vogelarten leben in Mosambik.

★ Die Kinder in Mosambik essen gerne Reis mit würzigem Eintopf, frischen Früchten und **Posho** (Maisbrei) zu Mittag.

Abram folgt Gott

Nach **1. MOSE 12.15**

Abram", rief Gott, „pack deine Sachen und mach dich bereit, loszuziehen."
Ich werde auf Gott hören, dachte Abram, *aber ich frage mich, wohin er mich
schicken wird.*

Gott sprach weiter: „Ich verspreche, dich zu einem großen Volk zu machen. Ich
werde dich segnen und durch dich werde ich auch alle Familien auf der Erde segnen."

Also packten Abram und seine Frau Sarai all ihre Besitztümer zusammen. Sie
holten ihre Bediensteten und ihre Tiere und begaben sich auf eine lange Reise. Sie
vertrauten darauf, dass Gott sie leiten würde. Abrams Neffe Lot begleitete sie mit
seinen Bediensteten und seinen Tieren.

Gott führte sie nach Kanaan. Dort sagte er zu Abram: „Ich verspreche, dir und deinen Kindern dieses Land zu schenken. Und danach soll es ihren Kindern gehören." *Das ist ein wundervolles Versprechen*, dachte Abram da vielleicht, *aber Sarai und ich haben leider keine Kinder.*

Gott sagte: „Abram, sieh dich in diesem Land um. Ich werde es dir geben. Alles, was du im Norden, Süden, Osten und Westen erblicken kannst – das ganze Land wird dir gehören. Und du wirst eine große Familie haben. Du wirst so viele Nachkommen haben, wie es Sterne am Himmel gibt!"

Abram vertraute Gott so sehr, dass er sich von ihm leiten ließ.

Gott bleibt seinem Wort treu

Nach **1. MOSE 17–18.21**

Abram und Sarai hatten voller Vertrauen auf Gott gehört. Sie hatten ihre Heimat zurückgelassen und waren ihm gefolgt.

Gott hatte ihnen eine große Familie versprochen, und sie hatten ihm geglaubt. Doch nun waren sie beide alt und hatten immer noch kein eigenes Kind. Es fiel ihnen schwer, geduldig zu sein.

Da kam Gott erneut zu Abram und sagte: „Dein Name lautet nun *Abraham*. Das bedeutet ‚Vater vieler Nationen'. Und Sarai wird von jetzt an Sara heißen und sie wird einen Sohn bekommen."

Aber immer noch warteten sie.

Und warteten.

Abraham und Sara müssen sich gefragt haben, ob sie Gottes Versprechen falsch verstanden hatten. Aber sie sollten eine Überraschung erleben!

Drei Männer kamen eines Tages mit einer besonderen Nachricht von Gott zu ihnen: „Abraham, nächstes Jahr um diese Zeit wird deine Frau einen kleinen Sohn bekommen."

Abraham wusste nicht, was er sagen sollte. Aber Sara lachte vor sich hin, als sie dachte: *Jetzt? Ich habe mein ganzes Leben darauf gewartet, Mutter zu werden! Und jetzt, wo ich alt bin – jetzt soll ich ein Kind bekommen?*

Und tatsächlich wurde Sara einige Monate später schwanger. Sie lächelte voller Glück über das Wunder, dass doch noch ein Kind in ihr heranwuchs. Gott hatte sein Versprechen auf wunderbare Weise eingehalten und Sara brachte einen Sohn zur Welt! Endlich hatten Abraham und Sara das Kind bekommen, das Gott ihnen versprochen hatte. Sie nannten ihren kleinen Sohn Isaak, das bedeutet „Lachen".

Und es kam, wie Gott es gesagt hatte: Abrahams Nachkommen sind so zahlreich wie die Sterne am Himmel – es sind zu viele, um sie zu zählen! Viele, viele Jahre nach Isaaks Geburt sollte eines Tages der wichtigste Nachkomme aus Abrahams Familie geboren werden: Jesus. Aber zuerst einmal hatte Abraham Isaak als Sohn. Isaaks Söhne waren Jakob und Esau. Und Jakob bekam sage und schreibe *zwölf* Söhne!

Hör niemals auf, Gott zu vertrauen – auch wenn du sehr lange warten musst! Gott vergisst dich nicht. Er verlässt dich nicht und er wird immer genau das tun, was er versprochen hat.

Vertrau auf Gott!

Francisco lebte gern in den Bergen. Überall streiften Ziegen, Schafe und Lamas umher. Francisco spielte zwischen den Felsen und Schluchten. Das Leben in den Anden in Peru war großartig. Aber dann starb Franciscos Vater. Seine Mutter Octaviana musste nun ganz allein auf den Feldern arbeiten, die Tiere versorgen und sich um Francisco, seinen Bruder und seine Schwester kümmern.

Octaviana schaffte das nicht allein! Schon vorher war es viel Arbeit gewesen, den Haushalt zu versorgen. Doch jetzt hatte sie niemanden mehr, der ihr half. Francisco und seine Geschwister packten zwar mit an, wo sie konnten, aber sie waren noch klein. Auf einmal wurden die Tiere krank und das Getreide auf den Feldern vertrocknete. Octaviana wusste nicht mehr aus noch ein.

Doch sie erinnerte sich daran, dass Gott seine Kinder liebt und ihnen versprochen hat, sie niemals alleinzulassen. Also begann sie zu beten: „Gott, vergiss meine Kinder und mich nicht, auch wenn wir auf diesem Berg leben. Bitte sende uns Hilfe."

Octaviana wartete. Die Tage gingen ins Land. Noch mehr Tiere wurden krank und es wurde immer schwieriger, genügend Essen für die Familie anzubauen. Trotzdem wartete und betete Octaviana weiter.

Eines Morgens sah Octaviana, wie Mitarbeiter von *World Vision* den Pfad neben ihrem Haus hinaufstiegen. Sie waren gekommen, um ihr zu helfen! Sie wollten sich dafür einsetzen, dass Octavianas Leben besser wurde. Sie halfen ihr, sich um die kranken Tiere zu kümmern, und pflanzten neues Getreide. Außerdem achteten sie darauf, dass Francisco und seine Geschwister genügend zu essen bekamen und wieder zur Schule gingen. Octaviana hatte geduldig auf Gottes Hilfe gewartet, und er hatte ihre Gebete erhört!

Gott schickte Rich und Reneé Stearns, um Octavianas Gebete zu erhören.

Hast du das gewusst?

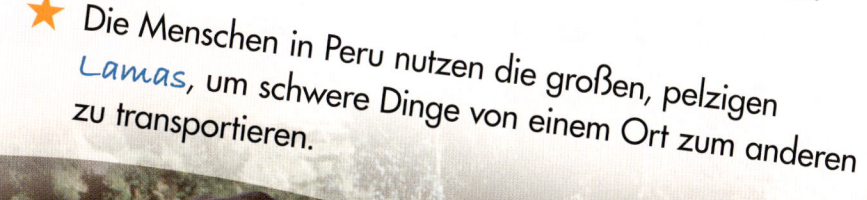

★ Der See mit dem größten Volumen in Südamerika ist der Titicacasee. Er liegt an der Grenze zwischen Peru und Bolivien.

★ Die Anden sind das zweithöchste Gebirge der Welt. Mit 6768 Metern ist der Nevado Huascarán der höchste Gipfel in Peru.

★ Die Menschen in Peru nutzen die großen, pelzigen Lamas, um schwere Dinge von einem Ort zum anderen zu transportieren.

Josef der Träumer

Nach **1. MOSE 37.41**

Jakob hatte zwölf Söhne, doch sein Lieblingssohn war Josef. Jakob behandelte ihn anders als seine anderen Söhne. Einmal schenkte er ihm einen besonders bunten Mantel. Er war schöner als die Kleider, die Josefs Brüder besaßen. Das machte sie wütend.

Eines Nachts hatte Josef einen Traum und erzählte ihn seinen Brüdern: „Ich habe geträumt, dass wir alle auf dem Feld gearbeitet haben. Da hat sich meine Getreidegarbe hoch aufgerichtet und war größer als eure Garben. Dann haben sich eure Garben vor meiner verneigt." Josef hatte noch einen zweiten Traum, in dem sich die Sonne, der Mond und elf Sterne (wie Josefs elf Brüder) vor ihm verneigten.

„Denkst du etwa, wir würden uns vor dir verbeugen? Denkst du, dass du über uns herrschen wirst?", riefen seine Brüder wütend.

Eines Tages, als die Brüder die Schafe ihres Vaters hüteten, dachten sie sich einen Plan aus, wie sie Josef töten könnten. Aber Ruben sagte: „Wir dürfen Josef nicht töten. Werfen wir ihn stattdessen in das tiefe Loch dort hinten!"

Kurz nachdem sie Josef in das Loch geworfen hatten, sahen die Brüder eine Karawane, die auf dem Weg nach Ägypten war. „Ich habe eine Idee!", rief einer von ihnen. „Wir verkaufen Josef an diese Leute. Er soll ein Sklave sein und wir sind ihn endlich los."

Armer Josef! Erst ist er der geliebte Sohn und dann wird er in ein Loch geworfen und nach Ägypten verkauft. Aber Gott war immer bei ihm und kümmerte sich gut um ihn, egal, wohin er kam.

Als Josef in Ägypten war, lebte er so, wie es Gott gefiel. Gott segnete ihn und so wurde Josef schließlich von einem Sklaven zum Stellvertreter des ägyptischen Pharaos.

Josef vertraute auf Gott, weil er wusste, dass Gott immer bei uns ist, egal, ob gute oder schlechte Dinge geschehen.

Gott schickt Hilfe

In der einen Minute hatten sie ein wunderschönes Haus und in der nächsten war es fort!

Ein Sturm mit schrecklichen Windböen und einer dunklen, trichterförmigen Wolke zog über die Stadt Holt in Alabama hinweg. Er zerstörte das Haus, in dem Christian, Jimena und Maria Guadalupe mit ihren Eltern lebten. Der Tornado wütete so stark, dass alles, was sie besaßen, mitgerissen wurde – ihre Möbel, ihre Kleidung, sogar ihr Spielzeug!

Der fünfjährige Christian verstand nicht, was geschehen war. „Wo sollen wir jetzt leben? Wo sind unsere Spielsachen?", fragte er und weinte.

Seine Mutter umarmte ihn. Sie erzählte Christian, dass sie zwar viel verloren hatten, dass sie aber Freunde hatten, die der Familie helfen wollten. Schon bald bekamen sie ein neues Haus. Christians neues Zimmer war blau gestrichen. Der Raum, den sich Jimena und Maria Guadalupe teilten, war rosa.

Die Stadt organisierte eine große Veranstaltung, um die Kinder, die alles verloren hatten, wieder auf die Schule vorzubereiten. Jedes Kind erhielt einen Rucksack mit Schulsachen, neuen Schuhen und einem Spielzeug. Die freiwilligen Helfer legten auch noch einen persönlichen Gruß dazu. Er zeigte Christian, seinen Schwestern und all ihren Freunden, dass sich Menschen, die sie noch nie zuvor getroffen hatten, um sie sorgten und für sie beteten!

Gott ist immer bei uns, auch wenn das Leben schwer ist. Der 27. April 2011 war ein schlimmer Tag für die Menschen in Holt. Aber Gott brachte freundliche und großherzige Menschen in ihr Leben, um ihnen bei einem Neuanfang zu helfen.

Nach einem schrecklichen Sturm hat Christian (Mitte) ein neues Zuhause und die Kinder haben neue Schulsachen.

Hast du das gewusst?

⭐ Tornados werden auch Wirbelwind genannt.

⭐ Der Name der Stadt Tuscaloosa in Alabama setzt sich aus zwei Wörtern der Flathead-Indianer zusammen, die „Schwarzer Krieger" bedeuten.

⭐ Das Footballteam der Universität Alabama heißt Crimson Tide („Purpurrote Gezeiten"). Dieser Name stammt von einem berühmten Footballspiel, das in rotem Schlamm stattfand.

Gott lässt alles gut werden

Nach **1. MOSE 41–45**

Ich muss unbedingt Essen für meine Familie finden, sonst verhungern wir bald, dachte Jakob. In Kanaan hatte es lange Zeit nicht geregnet und das ganze Getreide vertrocknete. Als die Tiere deshalb keine Nahrung mehr fanden, starben sie. Bald würden die Menschen in Kanaan ebenfalls sterben.

Doch das Nachbarland Ägypten hatte große Lagerhäuser voll mit Essen. Diese Lagerhäuser gab es, weil Josef auf die Warnung gehört hatte, die Gott dem Pharao in seinen Träumen geschickt hatte. Josef hatte große Mengen Getreide einlagern lassen. Hungrige Menschen aus vielen Ländern kamen nach Ägypten, um Essen zu kaufen.

So kam es, dass auch Josefs Vater Jakob in Kanaan seine Söhne bat: „Geht nach Ägypten. Kauft Getreide und bringt es hierher. Macht euch sofort auf den Weg, bevor wir alle verhungern."

In Ägypten stellten sich die Brüder in eine lange Schlange, um Getreide von dem Mann zu kaufen, der dafür zuständig war. Sie wussten nicht, dass dieser Mann ihr verloren geglaubter Bruder war – der Bruder, den *sie* in die Sklaverei verkauft hatten. Josef erkannte sie sofort, doch sie wussten nicht, wer er war! Erst nachdem sie mit einer großen Menge Getreide nach Kanaan zurückgekehrt waren und ein zweites Mal nach Ägypten kamen, um noch mehr Nahrung zu kaufen, gab Josef sich ihnen zu erkennen.

„Brüder, erkennt ihr mich nicht? Ich bin's, Josef."

Oh weh, dachten die Brüder. *Jetzt gibt's Ärger!* Sie hatten solche Angst, dass sie sich nicht einmal trauten, ihren Bruder anzuschauen.

Aber Josef sagte: „Habt keine Angst. Es stimmt, dass ihr mir schlimme Dinge angetan habt. Aber Gott hat alles Schlechte in Gutes verwandelt und nun kann ich euer Leben retten! Holt unseren Vater. Ihr könnt hier in Ägypten leben und ich werde euch versorgen!"

Gott kümmerte sich um Josef und seine Familie und genauso kümmert er sich um uns. So wie er Gutes aus den schlechten Taten der Brüder hervorbrachte, wird er die schlechten Dinge in unserem Leben zum Guten wandeln.

Hoffnung in der Wüste

Niger ist eines der ärmsten Länder der Welt. Das liegt teilweise daran, dass sich das Land am Rand einer großen Wüste befindet. Es regnet so gut wie nie, und das macht es schwer für die Bauern, Getreide anzubauen. Das bedeutet, dass es nicht immer genügend Essen für alle gibt. Wenn nicht genug Nahrung da ist, spricht man von einer *Hungersnot*, so wie damals zu Josefs Zeit in Ägypten.

Menschen brauchen Nahrung, um gesund zu bleiben. Während einer Hungersnot werden viele Leute krank, vor allem Kinder. So war es auch bei Sahabi Ibrahim. Seit seiner Geburt bekam Sahabi Ibrahim nicht genügend zu essen, deshalb war er sehr, sehr klein. Seine Mutter sorgte sich um ihren Sohn und brachte ihn ins Krankenhaus der Stadt Maradi. Dort konnte sich eine Krankenschwester um ihn kümmern.

Sahabi Ibrahims Mutter war voller Hoffnung, dass er wieder gesund werden würde, und auch die Krankenschwester war zuversichtlich. Sie erklärte, dass der kleine Junge einfach nur mehr Nahrung brauchte, damit er groß und stark werden konnte. So wie Josef hatten die Leute im Krankenhaus vorausschauend geplant, und nun hatten sie genug Essen, um Kindern wie Sahabi Ibrahim zu helfen.

Sahabi Ibrahims Mutter möchte, dass er zur Schule geht, Englisch lernt und vielleicht ein Krankenpfleger wird. Dann kann er in sein Dorf zurückkehren und anderen helfen, die durch eine Hungersnot krank werden. Sie möchte, dass sich Sahabi Ibrahim um andere kümmert, so wie Josef sich um seine Familie gekümmert hat.

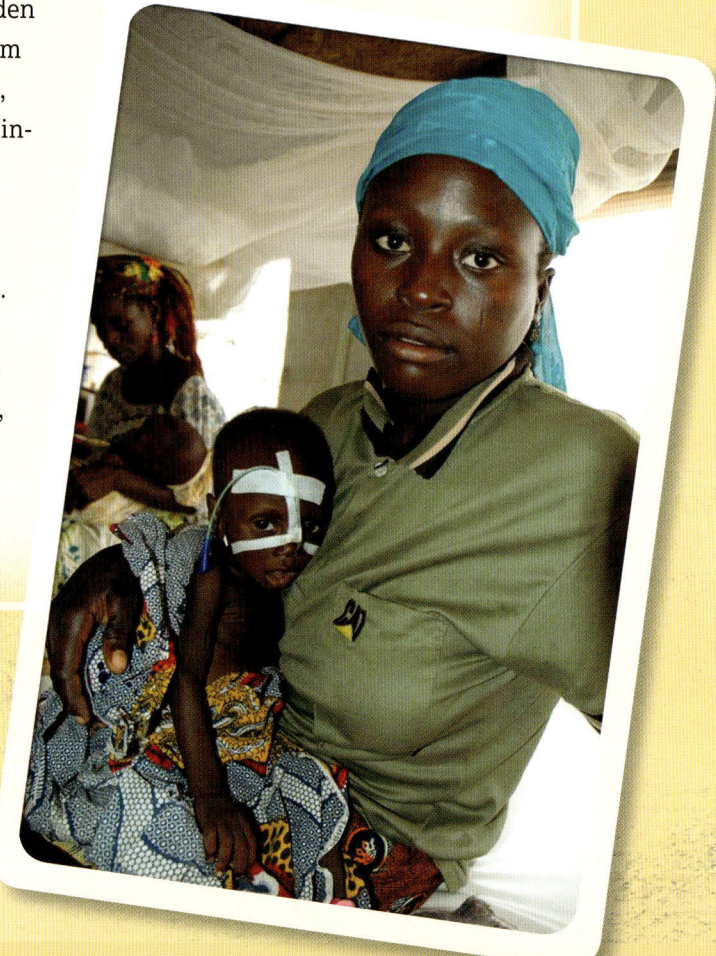

Weil der Regen für den Anbau der Nahrung fehlte, wurde der kleine Sahabi Ibrahim sehr hungrig und krank.

★ Über 80 % des Landes Niger liegen in der Sahara, der drittgrößten Wüste der Welt.

★ Niger ist einer der heißesten Orte der Welt, deshalb hat er auch den Spitznamen Bratpfanne der Welt.

Hast du das gewusst?

Gott hat immer einen Plan. Manchmal erkennen wir ihn nicht, aber gerade dann ist es wichtig, auf Gott zu vertrauen.

Mose wird geboren

Nach 2. MOSE 1–2

Josefs Familie wurde immer größer und größer. All seine Kinder, Enkel und Urenkel wurden Hebräer genannt. Hunderte Jahre später lebten so viele Hebräer in Ägypten, dass der neue Pharao Angst bekam. Er befürchtete, sie würden versuchen, sein Land einzunehmen. Also ließ er alle männlichen hebräischen Babys, die in Ägypten zur Welt kamen, töten.

Drei Monate lang hielt eine hebräische Mutter ihren Sohn versteckt. Aber je größer er wurde, desto schwieriger wurde es, ihn zu verstecken. Er konnte sehr laut werden!

Ich kann meinen Sohn nicht einfach sterben lassen, dachte die Frau. *Ich muss etwas tun, um ihn zu beschützen … Ich weiß, was ich tun werde! Ich werde einen Korb flechten und ihn mit Harz bestreichen, damit er wie ein kleines Boot ist.* Die Frau legte ihren Sohn liebevoll in den Korb und trug ihn zum Nil hinab. Sie setzte den Korb auf das Wasser und die Schwester des Kindes, Mirjam, blieb am Fluss stehen, um zu beobachten, was geschehen würde.

Schon bald darauf kam die ägyptische Prinzessin mit ihren Dienerinnen an den Fluss. Die Prinzessin sah den Korb auf dem Wasser treiben und befal einer Dienerin, ihn zu holen. Sie öffnete den Korb und sagte: „Sieh nur! Es ist ein hebräisches Kind."

Mirjam rannte zu der Prinzessin.

„Möchtest du, dass ich eine hebräische Frau hole, die sich für dich um das Kind kümmert?", fragte sie.

Die Prinzessin stimmte zu. Mirjam konnte es kaum glauben, dass die Prinzessin das Leben ihres Bruders rettete. Sie eilte nach Hause. „Mama! Komm mit! Die Prinzessin hat unser Baby gefunden. Sie möchte, dass du dich um das Kind kümmerst!"

Die Prinzessin zog das Kind als ihren Sohn auf und nannte es Mose. Das bedeutet: „Ich habe ihn aus dem Wasser gezogen."

Mose leitet

Nach **2. MOSE 2–12**

Als Mose ein junger Mann war, floh er aus Ägypten. Er hatte einen Ägypter getötet, der einen hebräischen Sklaven verletzt hatte, und nun fürchtete er sich vor der Strafe des Pharaos.

Eines Tages war Mose draußen auf dem Feld und hütete Schafe, als er einen brennenden Busch bemerkte. Aber obwohl der Busch brannte und brannte, wurde er nicht zu Asche.

Als Mose näher an den Busch herantrat, um ihn genauer zu betrachten, hörte er plötzlich eine Stimme aus dem Busch: „Mose! Mose!" Gott sprach ihn aus dem brennenden Busch an! „Komm nicht näher. Zieh deine Schuhe aus, denn du stehst auf heiligem Boden." Dann gab Gott Mose eine wichtige Aufgabe: „Ich möchte, dass du mein Volk aus der Sklaverei in Ägypten führst."

Mose versteckte das Gesicht hinter seinen Händen. *Oh nein, nicht ich! Ich weiß nicht, wie ich das schaffen soll,* dachte er. Doch laut antwortete er: „Warum sollte der Pharao mir zuhören?"

Gott sprach zu Mose: „Was hältst du in deiner Hand?"

„Meinen Hirtenstab", antwortete Mose. Gott sagte ihm, er solle ihn auf den Boden legen. Als Mose das tat, wurde der Stab zu einer Schlange. Gott sagte, Mose solle den Stab wieder aufheben. Als er das tat, wurde die Schlange wieder zu einem Stab.

„Ich werde dir helfen, Wunder zu vollbringen, und dann werden die Menschen glauben, dass ich bei dir bin", sagte Gott. Aber Mose war immer noch ängstlich, denn er war kein guter Redner. Schließlich erlaubte Gott, dass Moses Bruder Aaron ihm helfen durfte.

Mose und Aaron gingen zum ägyptischen Pharao und verkündeten ihm: „Gott sagt, dass du sein Volk gehen lassen sollst."

Der Pharao sagte nein. Da ließ Gott das ganze Wasser in Ägypten zu Blut werden. Mose ging erneut zum Pharao und bat um die Freilassung von Gottes Volk.

Doch wieder lehnte der Pharao ab. Zehnmal sprach Mose zum Pharao, zehnmal sagte dieser nein, und zehnmal schickte Gott eine Plage, um zu zeigen, wie mächtig er ist. Die letzte Plage war so furchtbar, dass der Pharao Mose erlaubte, die Hebräer aus Ägypten hinauszuführen.

Gott forderte Mose auf, zu schauen, was er in seinen Händen hielt. Mose hatte bereits alles, was er brauchte, um Gottes Auftrag zu erfüllen. Gott wird uns Menschen immer alles geben, was wir brauchen, damit wir die Aufgaben erfüllen können, die er uns aufträgt.

SAMBIA

Was hältst du in deiner Hand?

Das Einzige, was Mose besaß, als Gott ihm den Auftrag gab, die Israeliten aus Ägypten zu führen, war ein Stab. Es war ein ganz gewöhnlicher Stab, den er benutzte, um seine Schafe durch die Wüste zu leiten.

Das Einzige, was Austin Gutwein besaß, war ein Basketball. Austin konnte richtig gut Körbe werfen und dadurch kam er auf eine Idee.

Als Austin die Geschichte von Kindern aus Afrika hörte, die ihre Eltern verloren hatten, wollte er ihnen helfen. Aber was konnte ein neunjähriger Junge schon tun, um Kindern zu helfen, die Tausende Kilometer von seiner Heimat – Mesa in Arizona – entfernt lebten? *Na ja*, dachte Austin, *ich könnte für diese Kinder Geld verdienen, indem ich mit meinen Würfen Körbe erziele!*

Und genau das tat er. Austin gründete eine Organisation namens *Hoops of Hope* („Körbe der Hoffnung") und Kinder aus aller Welt schlossen sich ihm an. Sie suchten nach Sponsoren, die für jeden gelungenen Wurf Geld spendeten, und sie sammelten genug Geld, um eine Schule in Kalomo in Sambia zu bauen.

Aber die Kinder der *Hoops of Hope*-Organisation hörten nicht auf, Geld zu sammeln. Innerhalb von zehn Jahren und mit der Hilfe von über vierzigtausend Kindern konnten sie genug Geld sammeln, um auch noch zwei Krankenhäuser und vier Wohnheime in Sambia zu errichten. All das konnte Wirklichkeit werden, weil ein kleiner Junge, genau wie Mose, das benutzte, was er in seiner Hand hielt. Es war nur ein Basketball, aber Austin hat damit geholfen, die Welt zu verändern.

Austin hat in Sambia viel verändert und das nur, indem er Basketbälle warf.

Hast du das gewusst?

⭐ Die Einwohner Sambias essen mindestens einmal am Tag Nshima (Brei aus gemahlenem Maismehl). Sie formen den Brei zu kleinen Bällchen und essen ihn zusammen mit gekochtem Gemüse oder mit Suppe.

⭐ Der weltweit größte essbare Pilz wächst in Sambia, und er kann bis zu 90 Zentimeter groß werden!

Egal, wie schlimm deine Lage erscheint, vertraue auf Gott.

Er kann unglaubliche Wunder vollbringen, um Menschen zu beschützen.

52

Gott teilt das Meer

Nach **2. MOSE 14**

Nachdem der Pharao den Hebräern befohlen hatte, Ägypten zu verlassen, hatten die Ägypter keine Sklaven mehr. „Was haben wir nur getan, als wir die Hebräer gehen ließen? Wer wird Ziegel für uns herstellen? Wer wird sich um unseren Haushalt kümmern und unsere Arbeit erledigen?", fragten die Menschen.

Der Pharao beschloss, dass er die Hebräer wieder zurückhaben wollte. Er stieg eilig in seinen Streitwagen und befahl seiner Armee, den Hebräern nachzujagen.

Gott leitete sein Volk bei Tag mit einer Wolkensäule und bei Nacht mit einer Feuersäule. Aber als die Menschen den Staub sahen, den die ägyptische Armee bei ihrer Verfolgung aufwirbelte, bekamen sie große Angst.

„Oh nein! Mose, wir hätten in der Sklaverei bleiben sollen! Tu etwas, um uns zu retten!", riefen sie panisch.

Die ägyptische Armee kam näher und näher und die Hebräer wurden immer ängstlicher! Mose sagte: „Habt keine Angst. Wartet ab und seht, was Gott tun wird, um euch zu retten!"

Gott befahl Mose, seinen Hirtenstab über das Rote Meer zu halten. Als er das tat, kam ein starker Wind auf, der das Wasser in zwei große Wände teilte! So konnten die Hebräer das Rote Meer auf trockenem Boden durchqueren, und die riesigen Wasserwände ragten neben ihnen in den Himmel.

Mose hielt seinen Stab ausgestreckt, während Tausende von Hebräern durch das Rote Meer marschierten. Gerade als die Hebräer auf der gegenüberliegenden Seite das Meer wieder verließen, rannten die Ägypter auf der anderen Seite hinein. Sie dachten, gleich hätten sie ihre ehemaligen Sklaven wieder eingefangen. Aber Mose senkte seinen Hirtenstab und das Wasser fiel auf die ägyptischen Soldaten hinab. Die ganze ägyptische Armee wurde ausgelöscht – und Gottes Volk war sicher auf der anderen Seite des Roten Meeres angekommen.

Gebote und Tafeln in der Wüste

Nach **2. MOSE 16–17.20**

Gott hatte Unglaubliches für die Hebräer getan. Er hatte Wunder vollbracht, um sie von den Ägyptern zu befreien. Er hatte das Meer geteilt, sodass sie hindurchgehen konnten. Trotzdem vergaßen sie, Gott zu danken, und vertrauten ihm immer noch nicht ganz.

Einmal jammerten die Leute, weil sie Hunger hatten: „Wir hätten in Ägypten bleiben sollen, Mose! Immerhin hatten wir dort etwas zu essen!"

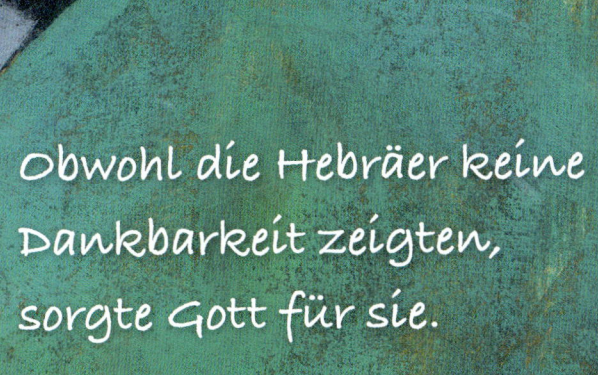

Obwohl die Hebräer keine Dankbarkeit zeigten, sorgte Gott für sie.

Mose bat Gott um Hilfe und Gott schickte Essen vom Himmel herab. Das Essen – es wurde *Manna* genannt – lag jeden Morgen auf dem Boden und die Menschen aßen es jeden Tag, Jahr für Jahr. Aber sie waren immer noch nicht dankbar.

Ein anderes Mal beschwerten sich die Leute, weil sie Durst hatten. Gott sagte zu Mose, er solle mit seinem Hirtenstab auf einen bestimmten Stein schlagen. Als Mose das tat, sprudelte frisches Wasser aus dem Stein hervor! Die Menschen hatten etwas zu trinken. Wieder hatte Gott sich um sie gekümmert.

Eines Tages übernachteten die Menschen in der Nähe des Berges Sinai. Gott rief Mose auf die Spitze des Berges hinauf. Er wollte ihm wichtige Lebensregeln geben. Die Hebräer sollten wissen, wie sie leben mussten, um Gott zu gefallen.

- Liebe Gott mehr als alles und jeden auf dieser Welt.
- Erschaffe keine Gottesbilder, um sie zu verehren.
- Benutze Gottes Namen mit Liebe und Respekt.
- Denke an den Sonntag, den Tag des Herrn, und achte ihn.
- Ehre deinen Vater und deine Mutter.
- Töte nicht.
- Sei deinem Ehemann oder deiner Ehefrau treu.
- Stiehl nicht.
- Lüge nicht.
- Begehre nicht das, was deinem Nächsten gehört.

Manchmal sieht es vielleicht so aus, als wollte Gott, dass du etwas Verrücktes tust. Aber wenn er dir etwas aufträgt, dann nimm ihn ernst und tu es, egal, ob dich andere verspotten oder auslachen.

Josua und der Kampf um Jericho

Nach **JOSUA 6**

Als Mose gestorben war, wurde Josua der Anführer des hebräischen Volkes. Mit Gottes Hilfe waren die Menschen in das Land gekommen, das Gott ihrem Stammvater Abraham vor langer Zeit versprochen hatte. Jetzt mussten sie Jericho erobern. Das war eine mächtige Stadt, umringt von einer hohen, dicken Schutzmauer. Wie sollten die Hebräer je in diese Stadt eindringen oder sie sogar besiegen?

Über die Mauer ging es nicht.

Durch die Mauer ging es auch nicht.

Und unter der Mauer hindurch erst recht nicht.

Aber Gott wusste einen Weg!

„Josua", sagte Gott, „um Jericho einzunehmen, musst du Folgendes machen: Marschiere mit deinen Kämpfern jeden Tag einmal um die Stadt. Tu das sechs Tage nacheinander. Sorge dafür, dass sieben Priester Signalhörner dabeihaben. Am siebten Tag sollt ihr sogar siebenmal um die Stadt marschieren. Wenn schließlich das Hornsignal ertönt, sollen alle schreien, und dann wird die Stadtmauer in sich zusammenbrechen."

Um die Stadt herumwandern? Schreien? Wie sollte das die Mauer zum Einsturz bringen? Die Bewohner Jerichos würden auf der Mauer stehen und Josuas Soldaten auslachen!

Gottes Anweisungen klangen verrückt, aber Josua trug seinen Leuten trotzdem auf, sie zu befolgen. Und genau das taten sie. Sechs Tage nacheinander führte Josua seine Truppen einmal um die Stadtmauer Jerichos herum. Man hörte nur das Stampfen der Füße und das laute Tuten aus den Signalhörnern der Priester. Die Bewohner Jerichos haben sich bestimmt sehr gewundert, was die Hebräer da unten vorhatten. Sie sollten es bald erfahren!

Am siebten Tag marschierten die Hebräer um die Stadt, wie sie das schon während der letzten sechs Tage getan hatten. Aber diesmal hielten sie nicht an. Sie marschierten um Jericho herum, noch einmal und noch einmal – insgesamt siebenmal. Dann bliesen die Priester einen langanhaltenden Schlusston auf ihren Hörnern, die Hebräer begannen zu schreien, und die dicke Stadtmauer Jerichos brach auseinander und stürzte zu Boden! Die Hebräer drangen von allen Seiten in die Stadt vor und eroberten sie.

Verrückter Gehorsam

„Der Leiter von *World Vision* hat ein riesiges Schiff gekauft!", erzählten sich die Leute. „Was hat er bloß damit vor?!"

Stan Mooneyham war sich sicher: „Gott will, dass ich Familien rette, die vor einem schrecklichen Krieg in Südostasien auf der Flucht sind." Den Kämpfen in ihrem Heimatland waren sie zwar entkommen, aber nun trieben sie in kleinen, zerbrechlichen Booten auf dem Südchinesischen Meer. Um ihnen zu helfen, fiel Stan Mooneyham nichts anderes ein, als sich ein Schiff zu besorgen, ins Südchinesische Meer zu fahren und sie zu finden. Die Leute dachten, er habe den Verstand verloren. Konnte dieser Mann überhaupt mit einem Schiff umgehen?

Einer der vielen, die Stan Mooneyham retten konnte, war Vinh Chung. Er war ein vierjähriger Junge, der mit seinen Eltern und sieben Geschwistern aus Vietnam geflohen war. Wir können uns kaum vorstellen, wie das gewesen sein muss, mitten auf dem Ozean in einem überfüllten Boot auf den Wellen zu schaukeln. Die Menschen werden sehr glücklich gewesen sein, als sie das Schiff von Stan Mooneyham auf sich zukommen sahen. Endlich war Vinhs Familie in Sicherheit.

Nachdem Stan Mooneyham sie aus dem Wasser gefischt hatte, zog Vinhs Familie in die USA. Dort halfen ihnen Leute, eine Wohnung zu finden, und sie erzählten ihnen auch von Jesus. Ein Familienmitglied nach dem anderen nahm Jesus in sein Leben auf und bemühte sich, auf ihn zu hören. Das Vorbild dafür war Stan Mooneyham, der Gott gehorsam sein wollte, als er das Schiff kaufte.

Inzwischen ist Vinh erwachsen geworden. Als Arzt hilft er Leuten, wieder gesund zu werden. Er, seine Frau und seine Kinder sind sehr froh, dass Stan Mooneyham damals das große Schiff kaufte, obwohl manche das für total verrückt hielten.

Von diesem Schiff wurde Vinh damals gerettet – heute ist er Kinderarzt.

Hast du das gewusst?

★ In Vietnam gibt es mehr als 33 Millionen Mopeds!

★ Wenn Schüler nach der Pause in ihre Klassen zurückkehren sollen, ertönt keine Schulglocke, sondern man schlägt einen Gong.

★ Vietnamesen benutzen Angelruten, um Eidechsen zu fangen – das macht ihnen viel mehr Spaß, als Fische zu angeln.

Rut und Noomi

Nach dem **BUCH RUT**

„Es wird Zeit, dass ich nach Betlehem zurückkehre", entschied Noomi. Viele Jahre waren vergangen, seit ihre Familie nach Moab ausgewandert war, weil sie nichts zu essen gehabt hatten. Eine schreckliche Hungersnot hatte damals in ihrem Heimatland Israel geherrscht, aber inzwischen war die Hungersnot vorbei. Trotzdem war Noomi tieftraurig. Während sie in Moab gewohnt hatten, war nicht nur ihr Mann gestorben, sondern auch ihre beiden Söhne. Und nun kehrte sie ohne Mann und ohne Söhne in ihre Heimatstadt Betlehem zurück.

„Oh, wie sehr werde ich euch vermissen!", sagte Noomi zu ihren Schwiegertöchtern Orpa und Rut. „Kehrt ihr beide doch wieder zu euren eigenen Familien zurück. Gott möge euch seine Freundlichkeit erweisen. Vielleicht könnt ihr wieder heiraten."

Orpa umarmte ihre Schwiegermutter fest, gab ihr einen Abschiedskuss und ging zu ihrer Familie zurück. Aber Rut war nicht bereit, ihre Schwiegermutter alleinzulassen. „Wo immer du hingehst, da gehe ich auch hin", versprach Rut. „Dein Volk soll auch mein Volk werden. Dein Gott soll der Gott werden, dem ich diene." Noomi wandte ein, dass sie Rut nicht versorgen konnte. Sie konnte gar nichts tun, um Rut irgendwie zu helfen. Sie hatte keinen anderen Sohn, den Rut hätte heiraten können. Aber Rut ließ sich nicht beirren. Auf keinen Fall würde sie ihre Schwiegermutter verlassen!

So wanderten Noomi und Rut gemeinsam nach Betlehem. Dort angekommen, machte sich Rut an die Arbeit. Sie ging auf ein abgeerntetes Feld und sammelte die Körner auf, die noch herumlagen. Denn Noomi und Rut brauchten etwas zu essen. Rut gab sich große Mühe, und dem Besitzer des Feldes, Boas, entging das nicht. Er war beeindruckt, wie hart Rut arbeitete, um für ihre Schwiegermutter zu sorgen. „Gott möge dich segnen und deine Fürsorglichkeit belohnen", sagte er zu Rut.

Boas wollte Rut helfen. Er sorgte dafür, dass bei der Ernte viele Getreidekörner liegenblieben. Rut konnte sie für sich und Noomi einsammeln und zu Brot verarbeiten. Später heiratete Boas Rut sogar!

Genau wie Rut für ihre Schwiegermutter sorgte, so sorgte Gott für Rut. Bald nach der Hochzeit bekamen Rut und Boas einen Sohn. Sie nannten ihn Obed. Welch eine Freude war der Kleine für seine Eltern – und erst recht für seine Oma Noomi!

Es ist ein Geschenk Gottes, zu einer Familie zu gehören. Familienmitglieder ermutigen und lieben einander und sie helfen sich gegenseitig.

Schutz gefunden

In Kambodscha besuchte ich ein Haus unseres Kinderhilfswerks *World Vision*. Dort finden junge Mädchen Zuflucht, nachdem sie der Sklaverei entkommen sind. Diese Mädchen haben schreckliche Dinge erlebt. Sie hatten ein bitteres Leben!

Besonders erschrak ich, als ich die Schulklasse an diesem Zufluchtsort besuchte. Zwei der Schülerinnen waren gerade einmal sechs und acht Jahre jung – genau wie meine beiden Töchter zu der Zeit. Ich war den Tränen nahe. In einer solchen Situation kann die Frage auftauchen: Warum lässt Gott das zu? Wo ist Gott jetzt?

Doch Gott hat die Mädchen nicht im Stich gelassen. Für mich ist es ein Privileg, zu einer Organisation zu gehören, die diesen Mädchen Perspektiven gibt – Gott sei Dank! Diese Kinder sind heute geschützt im *World Vision*-Haus, können das Geschehene verarbeiten und erhalten Bildung. Vielleicht wird mal etwas Großes aus ihnen – wie aus Rut, schließlich ist sie die Ur-, Ur-, Ur-, Ur-… Großmutter von Jesus.

Reto Gerber

Kinder spielen
Lort Kao Su.

Hast du das gewusst?

★ In Kambodscha gilt es als unhöflich, seine Fußsohlen einer anderen Person zuzuwenden.

★ Die Kambodschaner begrüßen sich, indem sie ihre Handflächen gegeneinander drücken. Das nennen sie Sampeah.

★ Die Kinder in Kambodscha spielen am liebsten Leak Kon Saeng. Es geht so ähnlich wie Plumpsack.

Vielleicht spricht Gott zu dir nicht so hörbar wie bei Samuel. Aber er spricht zu uns durch die Bibel, durch Menschen, die mit ihm leben (wie zum Beispiel deine Eltern oder die Kindergottesdienstmitarbeiter) und in unsere Gedanken hinein. Wenn wir tun, was Gott uns sagt, kann er uns gebrauchen, um in die Welt hinein zu wirken.

Samuel hört Gott

Nach **1. SAMUEL 1.3**

Samuel!"
Samuel setzte sich im Bett auf. Wer hatte ihn gerufen?

Samuel war noch ein Junge. Er wohnte beim Heiligtum, wo der Priester Eli ihm beibrachte, wie man Gott dient. Schon bevor Samuel geboren war, hatte seine Mutter Hanna Gott im Gebet versprochen: „Wenn ich ein Kind bekomme, werde ich es dir zurückgeben, damit es dir dient." Gott erhörte ihr Gebet und Hanna hielt ihr Versprechen. Als Samuel alt genug war, brachte seine Mutter ihn zum Heiligtum. Dort sollte er von nun an wohnen.

Kaum hatte Samuel seinen Namen gehört, sprang er aus dem Bett und lief zu Eli. „Hier bin ich, Herr. Womit kann ich dienen?", fragte er.

„Ich habe gar nicht nach dir gerufen", antwortete Eli. „Geh wieder schlafen."

Samuel legte sich wieder hin. Aber kaum war er eingeschlafen, da hörte er es wieder: „Samuel! Samuel!"

Der Junge lief ein zweites Mal in Elis Schlafraum und sagte: „Hier bin ich. Hast du mich gerufen?"

Jetzt verstand Eli, was vor sich ging. Er erklärte: „Samuel, es ist Gott, der dich ruft. Geh wieder schlafen. Und wenn du hörst, dass dein Name gerufen wird, dann antworte: ‚Hier bin ich, mein Gott. Ich bin ganz Ohr.'"

Samuel ging zu Bett. Er wartete. Tatsächlich, Gott rief ihn wieder: „Samuel! Samuel!"

„Hier bin ich, Gott", antwortete Samuel. „Ich bin ganz Ohr."

Samuel hörte Gott zu und dann tat er das, was Gott ihm aufgetragen hatte. Auch als er erwachsen wurde, hörte er weiterhin auf Gott. So wurde er ein bekannter Prophet, der den Leuten etwas über Gott und seinen Plan für ihr Leben sagen konnte.

Ein kleines Mädchen schenkt Hoffnung

Wo ist Chamabenna?, fragte sich Manjula. Er war seit einigen Tagen nicht in die Schule gekommen und Manjula hoffte, dass er nicht krank war. Sie hatte Angst, dass vielleicht sogar etwas Schlimmeres passiert war.

Wo Manjula lebt, in Holtikolti in Indien, sind arme Menschen oft davon abhängig, dass ihre Kinder helfen, Geld zu verdienen. Deshalb müssen die Kinder die Schule verlassen und sich eine Arbeit suchen. Genau so war es auch bei Manjulas Freund Chamabenna. Er arbeitete auf einem Bauernhof in der Nähe und half dem Bauern, Getreide anzubauen. Als Manjula das herausfand, war sie sehr traurig. Sie beschloss, zu Chamabennas Haus zu gehen und mit seinen Eltern zu reden.

So wie Gott Samuel gebrauchte, um eine wichtige Botschaft an die Menschen in Israel zu überbringen, so gebrauchte er Manjula, um mit den Eltern ihres Freundes zu sprechen. Sie erklärte ihnen, wie sehr Gott Kinder liebt und wie wichtig es ist, dass sie zur Schule gehen dürfen. Manjula brauchte viel Mut, um mit Chamabennas Mutter und Vater zu reden. Aber sie hörten ihr zu. Da lud Manjula die Eltern ein, den Kinderklub von *World Vision* zu besuchen. Dort erfuhren sie, wie sie Hilfe bekommen konnten, sodass sie ihren Sohn wieder zur Schule schicken konnten.

Die Menschen, die Manjula kennen, sind froh, dass sie anderen Kindern hilft. Ihre Worte geben den Eltern Hoffnung und Mut, dass sie es schaffen können, ihre Familie zu versorgen, ohne die Kinder auf den Plantagen arbeiten zu lassen.

„Wir sind froh, dass Chamabennas Eltern offen waren und uns zugehört haben, obwohl wir nur Kinder sind", sagte Manjula. „Es ist ein schönes Gefühl, wenn dir jemand zuhört."

Hast du das gewusst?

★ In Indien leben mehr als 1,2 Milliarden Menschen. Das sind mehr als in irgendeinem anderen Staat der Erde (außer China).

★ Wenn man in Indien als Zeichen für ein Ja nicken will, bewegt man den Kopf von links nach rechts – fast so, wie wir es tun, wenn wir Nein meinen.

Manjula setzte sich für ihren Freund Chamabenna ein, damit er weiter in die Schule gehen kann.

David ist bereit, Gott zu dienen

Nach **1. SAMUEL 16**

Gott wies den Propheten Samuel an, nach Betlehem zu wandern und einen Mann zu besuchen, der Isai hieß. Denn einer von Isais Söhnen war von Gott ausgewählt worden, der nächste König in Israel zu werden.

„Wie kann das gelingen?", fragte sich Samuel. „Wenn der jetzige König Saul davon erfährt, dass ich gerade den nächsten König suche, bringt er mich um!"

Trotzdem gehorchte Samuel und machte sich auf den Weg nach Betlehem, um Isai und seine Söhne zu treffen. Als Samuel Isais Sohn Eliab sah, dachte er: „Der muss der Sohn sein, den Gott als König ausgesucht hat." Aber Gott sagte: „Nein, der ist es nicht. Ich schaue nicht darauf, wie stattlich oder wie stark oder wie groß jemand ist. Ich schaue mir sein Herz an."

Als Nächster trat Abinadab vor, ein anderer Sohn von Isai. Gott sagte: „Nein, auch den habe ich nicht ausgesucht." Samuel ließ sich sieben Söhne von Isai vorstellen, aber keiner von ihnen war Gottes Auserwählter.

„Hast du noch andere Söhne?", fragte Samuel Isai.

„Doch, meinen Jüngsten noch. Der passt auf dem Feld auf die Schafe auf", gab Isai zur Antwort.

„Lass ihn holen", forderte Samuel.

Als David hereinkam, sagte Gott zu Samuel: „Der ist es. Dieser junge Mann wird eines Tages König werden."

Gott suchte sich David aus, weil er erkannte, dass David ihm von Herzen dienen wollte. Also goss Samuel ihm Salböl auf den Kopf. David sollte König werden, wenn die Herrschaft Sauls zu Ende war. Von jenem Tag an wirkte Gottes Geist in David.

Gott lässt sich nicht davon beeindrucken, wie stark oder wichtig jemand ist. Gott sucht sich Leute aus, deren Herzen sich danach sehnen, ihm zu dienen und zu gehorchen.

Ein Blick auf das Herz

Vor ein paar Jahren war ich in Uganda. Das ist ein Land in Afrika. Dort kam ich in Gegenden, in denen vor mir nur wenige Menschen aus Europa gewesen sind. Ich kam auch mit vielen Kindern in Kontakt. Als sie mich sahen, wollten sie zuerst meine Haut berühren. Sie war hell! Komisch?! Das war ganz anders, als es dort „normal" ist. Sie wollten wissen, wie sich diese Haut anfühlt. Ist sie stabil? Geht sie ab? Und wie fühlen sich die hellen Haare auf meinem Kopf an? Ja klar, das war das, was die Kinder „vor Augen" hatten, was sie direkt gesehen haben. Dann haben wir uns ein wenig kennengelernt. Sie haben mir ihre Heimat gezeigt. Als wir später zusammen spielten, war es ganz unwichtig, dass ich anders aussah. Das war richtig schön! Was zählt, war unsere Gemeinschaft und dass wir uns gernhaben und einander helfen. Es ging nicht um Äußerlichkeiten. Wie genial!

Wir sollten immer wieder lernen, nicht auf das Äußere zu schauen! Es ist doch nicht wichtig, welche Kleider wir tragen, wie groß unsere Ohren sind oder welche Spielsachen wir haben. Gott schaut unser Herz an. Das ist für ihn das wirklich Wichtige! Es ist das, was zählt. Was denken wir über andere Menschen? Und was denken wir über Gott? Er sieht unser Herz und freut sich über eine gute Beziehung.

Mr. Joy (Karsten Strohhäcker; Künstler und Evangelist)

Hast du das gewusst?

⭐ Der längste Fluss der Welt, der **Nil**, entspringt in der Nähe des Ortes Jinja aus dem Victoriasee in Uganda.

⭐ In Uganda ist eine Rolex nicht nur eine Uhr, sondern auch ein gerolltes **Omelette** mit Gemüsefüllung.

⭐ Zur Begrüßung schüttelt man sich auch in Uganda die Hände. Sind diese nass oder dreckig, nimmt man stattdessen einfach das Handgelenk.

Der kleine David besiegt den großen Goliat

Nach **1. SAMUEL 17**

Schickt euren besten Soldaten, um mit mir zu kämpfen!", brüllte der riesige Philister namens Goliat. „Sollte er gewinnen, werden wir uns euch unterwerfen. Sollte ich gewinnen, müsst ihr für uns arbeiten!"

Vierzig Tage lang schrie Goliat König Sauls Armee an. Er war beinahe drei Meter groß, trug eine Rüstung und hielt einen großen Speer in der Hand – er war wirklich beängstigend! Die Soldaten Israels fürchteten sich sehr. Obwohl sich Goliat über Gott lustig machte, traute sich keiner der Soldaten, gegen ihn zu kämpfen.

David wurde von seinem Vater losgeschickt, um seinen Brüdern, die Soldaten der Armee waren, neue Vorräte zu bringen. David hörte Goliats Geschrei und war überrascht, dass niemand hervortrat, um gegen Goliat anzutreten. Er marschierte zu König Saul und meldete sich freiwillig: „Ich werde gegen ihn kämpfen."

„Du kannst nicht gegen ihn kämpfen", sagte König Saul. „Du bist nur ein kleiner Junge."

„Ich habe Löwen und Bären getötet, um meine Schafe zu beschützen", antwortete David. „Dieser Riese fordert die Armee Gottes heraus. Ich werde ihn besiegen!"

„Na gut", stimmte König Saul widerwillig zu, „aber trag zumindest eine meiner Rüstungen." David legte die Rüstung an, aber sie war ihm zu groß. Er konnte sich kaum darin bewegen! Also zog er sie wieder aus, sammelte fünf glatte Steine und schnappte sich seine Steinschleuder.

Als der Riese sah, dass nur ein kleiner Junge kam, um gegen ihn zu kämpfen, wurde er wütend. „Dann komm mal her! Ich werde dich an die Vögel verfüttern!", brüllte Goliat.

Aber David hatte keine Angst. Er wusste, dass er nicht allein war. Gott war bei ihm. „Du hast ein Schwert und einen Speer, aber ich kämpfe im Namen des allmächtigen Herrn!", rief David. Er legte einen Stein in seine Schleuder und zielte damit auf Goliat. Der Stein traf den Riesen an der Stirn und er fiel zu Boden. David hatte allein mit einer Steinschleuder gewonnen ... und mit der Kraft Gottes!

David wusste etwas, was die Soldaten aus König Sauls Armee vergessen hatten: Er kämpfte nicht allein. Gott war bei ihm. Und Gott ist stärker als jedes Problem, auch wenn es ein riesiges Problem ist.

Abigajil, die Friedensstifterin

Nach **1. SAMUEL 25**

Nabal war ein sehr griesgrämiger Mann und ausgesprochen gemein! Er besaß einen großen Hof und Tausende von Tieren. Seine Frau Abigajil war hübsch und klug, aber er war mürrisch und dumm.

David war noch nicht König von Israel, als er mit seinen Männern in die Gegend von Nabals Ländereien gelangte. David schickte Boten zu Nabal.

„Herr, uns schickt dein Diener David. Wir haben unser Lager in der Nähe deiner Hirten aufgeschlagen. Wir haben sie beschützt und gut behandelt. Nun würden wir uns freuen, wenn du uns etwas von dem abgibst, was du übrig hast."

Aber Nabal sagte: „Wer ist dieser David? Warum sollte ich ihm etwas zu essen geben? Ich werde euch gar nichts geben!"

Abigajil war eine Friedensstifterin, die David davon abhielt, etwas zu tun, was er später bereut hätte.

Als die Männer berichteten, was Nabal gesagt hatte, wurde David wütend. „Legt eure Schwerter an! Wir werden ihn angreifen!" David und vierhundert seiner Männer bewegten sich auf Nabals Hof zu.

Ein Diener erzählte Abigajil, was Nabal getan hatte. „Schnell", rief sie, „hol etwas zu essen und zu trinken! Dann belade einen Esel damit. Ich werde zu David gehen."

Als Abigajil sich vor David verbeugte, sagte sie: „Herr, ich nehme die Schuld auf mich, dass mein Mann deine Bediensteten schlecht behandelt hat. Ich wusste nicht, dass deine Männer da waren und um Nahrung gebeten haben. Aber Gott hat dich davon abgehalten, Gewalt anzuwenden. Lass dich von der Dummheit meines Mannes nicht zur Sünde verleiten. Bitte, nimm diese Geschenke von mir an."

„Dank sei dem Herrn! Und du sollst für deine Weisheit gesegnet sein! Du hast mich heute davor bewahrt, viele Menschen zu verletzen", sagte David und schickte Abigajil friedlich nach Hause.

Als sie Nabal erzählte, was geschehen war, erstarrte sein Herz und er starb. Nachdem David von dieser Neuigkeit hörte, schickte er einen Boten zu Abigajil, um sie zu fragen, ob sie seine Frau werden wollte. Glücklich antwortete sie mit Ja.

Ein Friedensstifter hilft den Menschen, sich besser zu verstehen.

75

Kinder kämpfen für Frieden

Mayerly Sanchez konnte nie draußen spielen. Ihre Heimatstadt Bogotá in Kolumbien war kein friedlicher Ort. Die Menschen kämpften unaufhörlich gegeneinander und nicht einmal Kinder waren sicher!

Mayerly war traurig darüber, wie die Menschen sich gegenseitig behandelten. Sie wollte, dass die Streitereien und Kämpfe aufhörten. Aber die Erwachsenen taten zu wenig, um die Situation zu verbessern. Obwohl sie noch ein Kind war, setzte Mayerly sich für den Frieden ein. Sie organisierte Demonstrationen und sprach mit Beamten der Regierung. Außerdem gründete sie einen Klub für Kinder, in dem sie lernen konnten, was es bedeutet, friedlich zu leben. Sie brachte ihnen bei, dass friedliches Zusammenleben schon zu Hause beginnt. Diese nationale Friedensbewegung der Kinder wurde sogar für den Nobelpreis nominiert, den wichtigsten Friedenspreis, den es auf der ganzen Welt gibt.

Die Erwachsenen begannen, die Kinder zu beachten: Sie hörten ihnen zu, wenn sie sprachen, und feuerten sie an, wenn sie durch die Straßen zogen. Das Leben in Kolumbien ist immer noch nicht sicher, aber dank der Bemühungen von Mayerly und ihren Freunden in der Friedensbewegung der Kinder verbessert sich die Situation langsam. Mayerly und ihre Freunde haben den Friedensnobelpreis zwar nicht gewonnen, aber sie machen trotzdem Fortschritte!

„Wir beschreiben *Frieden* mit vier Worten: *Liebe, Annahme, Vergebung und Arbeit*", erklärt Mayerly. Und obwohl sie noch jung war, half sie, in ihrem Land Frieden zu verbreiten. Mayerly ist für andere Kinder, aber auch für Erwachsene ein gutes Vorbild einer Friedensstifterin!

Mayerly hat sich mutig für den Frieden ausgesprochen.

★ Der Name Kolumbien stammt von Christoph Kolumbus.

★ In Kolumbien findet man über 3000 Arten von Schmetterlingen.

Hast du das
gewusst?

Dieses junge Mädchen wurde zur Anführerin einer großen Bewegung.

David spricht mit Gott

Nach DEM BUCH DER PSALMEN

Die Bibel beschreibt König David als Mann nach Gottes Herzen. Das bedeutet, dass David Gott mit allem, was er tat oder sagte, erfreuen wollte. David sprach oft im Gebet mit Gott und viele seiner Gebete wurden im Buch der Psalmen niedergeschrieben.

In Psalm 51 bat David Gott um die Vergebung seiner Sünden: „Sieh meine Sünde nicht mehr an und vergib mir meine Schuld. Gott, erschaffe in mir ein reines Herz und gib mir einen neuen, aufrichtigen Geist" (Verse 11-12).

Aber David dankte Gott auch für die schönen Geschenke, die er ihm gemacht hatte: „HERR, ich will dir von ganzem Herzen danken und von deinen Wundern erzählen" (Psalm 9,2).

David war Hirte, und er wusste, dass Gott ihn genauso beschützte wie ein Hirte seine Schafe. Darum betete er: „Doch du, HERR, umgibst mich mit deinem Schutz, du bist meine Ehre und richtest mich auf" (Psalm 3,4).

Einer der bekanntesten Psalmen von David ist Psalm 23. Dort sagt er, dass der Herr sein Hirte ist, und er beschreibt die Fürsorge dieses Hirten: „Er lässt mich in grünen Tälern ausruhen, er führt mich zum frischen Wasser … Auch wenn ich durch das dunkle Tal des Todes gehe, fürchte ich mich nicht, denn du bist an meiner Seite" (Verse 2 und 4).

David wusste, dass er immer auf Gottes Hilfe vertrauen konnte. Er sagte: „Herr, ich will dir danken vor den Völkern. Ich will dein Loblied singen vor allen Menschen. Denn deine Liebe ist so groß wie der Himmel und deine Treue reicht bis zu den Wolken" (Psalm 57,9-10).

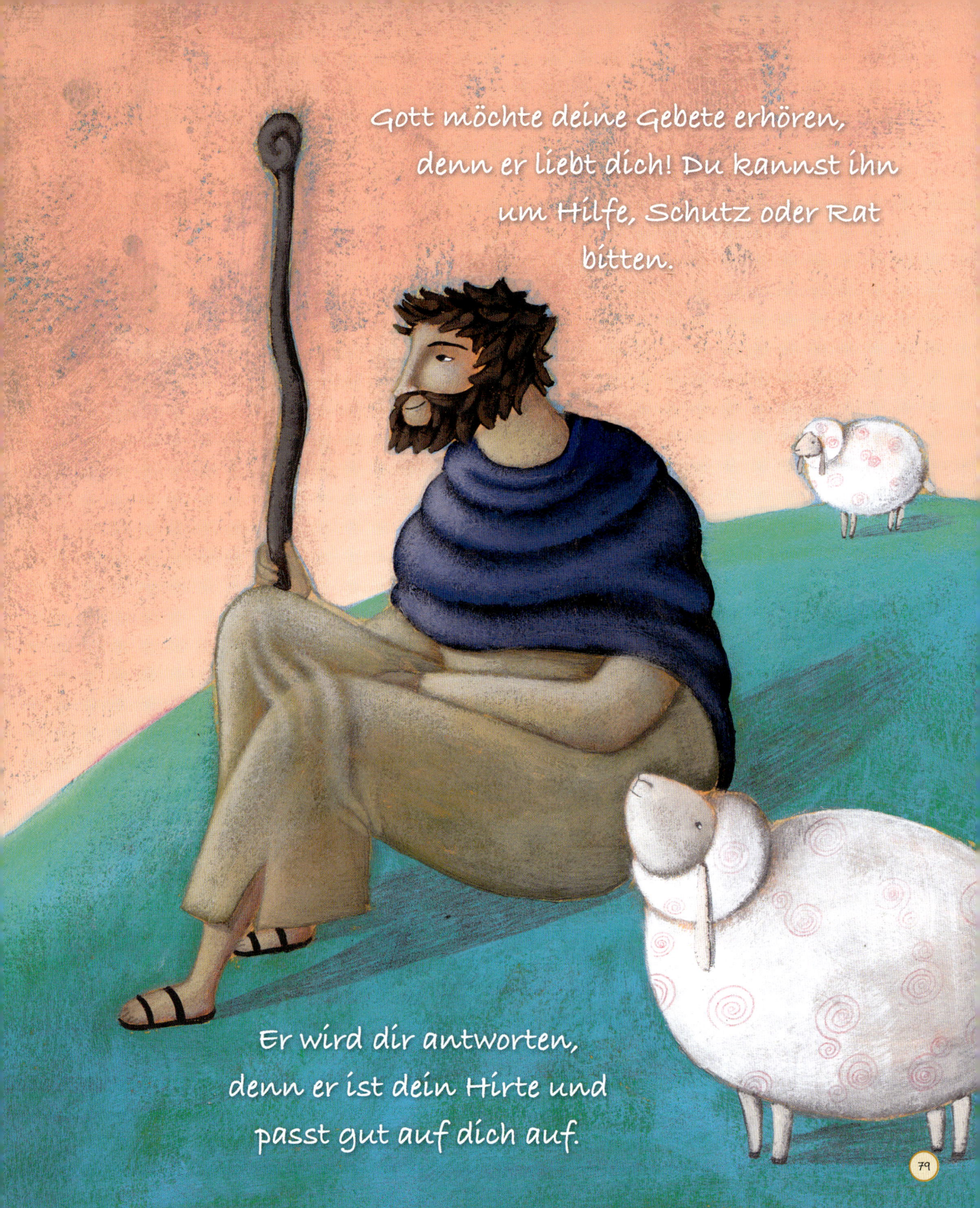

Gott möchte deine Gebete erhören,
denn er liebt dich! Du kannst ihn
um Hilfe, Schutz oder Rat
bitten.

Er wird dir antworten,
denn er ist dein Hirte und
passt gut auf dich auf.

Der Herr ist mein Hirte

Viele Jahre lang ist die Kirche Motlalepulas Lieblingsort gewesen, an dem er Gott verehren und ihm danken konnte. Er war Mitglied der Gemeinde, seitdem er gerade einmal zehn Jahre alt gewesen war. Er liebte es, zu den Treffen in der Gemeinde zu gehen. Dort lernte er, schwierige Situationen seines Lebens zu bewältigen, indem er Gott um Hilfe bat.

Als Motlalepula erst sechs Jahre alt war, starben seine Eltern. Er wurde zu seiner Großmutter in den südlichen Teil Afrikas, nach Lesotho, geschickt. Dort traf er viele Jungen und Mädchen, die ebenfalls Waisen waren. Nachdem sie die Grundschule beendet hatten, hatten viele nicht genügend Geld, um weiter zur Schule zu gehen. Darum taten sie viele schlimme Dinge und gerieten in Schwierigkeiten. Manchmal wollten sie Motlalepula zum Mitmachen verleiten, aber er schaffte es immer, nein zu sagen, wenn sie ihn fragten.

Er konnte so stark sein, weil er betete und Gottes Worte las. „Das Gebet hilft mir, Gott über alles andere zu stellen. Ich weiß, dass er uns versorgt, und Psalm 23 macht mich stark, wenn ich herausgefordert werde."

Motlalepula teilte seinen Freunden mit, was er aus der Bibel gelernt hatte. „Ich möchte ihnen helfen zu erkennen, wie wichtig es ist, sich an Gott zu wenden, um eine Lösung zu finden."

So wie David wusste, dass er auf Gottes Hilfe vertrauen konnte, hat auch Motlalepula gelernt, dass Gott sich um ihn kümmert.

„Ich vertraue auf Gottes Wort", sagt der Waisenjunge *Motlalepula*.

Hast du das gewusst?

★ In der Mitte der Nationalflagge von Lesotho ist ein großer, schwarzer Hut abgebildet!

★ Lesotho ist eine Enklave. Das bedeutet, es ist ein Land, das komplett von einem anderen Land umschlossen wird – in diesem Fall von Südafrika.

Teenager in Lesotho hören von Gott.

Gaben für den Tempel

Nach **1. CHRONIK 29**

David sagte dem Volk: „Mein Sohn Salomo hat eine wichtige Aufgabe vor sich. Es wird nicht einfach werden, aber das wunderbare Bauprojekt, das er leitet, ist nicht für Menschen gedacht. Es ist für Gott, deshalb muss es besonders gut werden."

Großzügigkeit bedeutet, nicht nur das abzugeben, was man übrig hat, sondern auch ein bisschen von dem, was man vielleicht selbst braucht.

Die Hebräer hatten Gott immer in einem Zelt verehrt, das sie schnell auf- und wieder abbauen konnten, wenn sie weiterzogen. Aber David wollte ein prachtvolles Gebäude für Gott errichten, einen heiligen Tempel, in dem die Menschen zu Gott beten konnten. Es sollte einen festen Ort geben, an dem sich die Leute versammeln und Gott preisen konnten. Dort sollten auch heilige Gegenstände wie die Bundeslade aufbewahrt werden. König Salomo war einer von Davids Söhnen. Er wollte den Tempel bauen und ihn mit Gold, Silber und Juwelen schmücken. Aber woher sollte Salomo das ganze Material bekommen, das er brauchte, um so einen wundervollen Tempel zu bauen? Er bekam es vom Volk!

König David ging mit gutem Beispiel voran. „Mein Reichtum ist groß und ich will ihn nutzen, um den Tempel bauen zu lassen. Ich gebe Gold, Silber, Bronze, Eisen und Holz für den Bau, außerdem Onyx und Türkis, wertvolle Edelsteine, schönes Gestein und Marmor. Und ich gebe nicht nur ein bisschen davon her, sondern eine große Menge."

David nutzte das Vermögen des Volkes, aber auch sein eigenes Geld und seinen eigenen Besitz. Er zeigte den Menschen, was es bedeutet, großzügig zu sein, indem er Gott seinen ganzen Besitz schenkte. Als die Leute sahen, wie großmütig David war, wollten sie es auch sein. Voller Freude schenkten sie Salomo Gold, Silber und Juwelen, damit er den Tempel bauen konnte.

Und wir geben großzügig, wenn wir es mit einem Lächeln tun.

Hilfe bekommen – und anderen helfen

Wenn beinahe alles, was du besitzt – deine Kleidung, dein Spielzeug, dein Haus –, von einem großen Sturm zerstört würde, was würdest du tun? Würdest du nehmen, was dir geblieben ist, und es verschenken? Genau das haben die Kinder der *Brock Grundschule* getan. 2005 wurde Slidell, eine Stadt in Louisiana, vom Hurrikan Katrina getroffen. Durch diesen gigantischen Sturm wurde die Grundschule beinahe völlig zerstört.

In den Klassenräumen herrschte ein einziges Durcheinander! Papiere und Hefte waren völlig durchnässt und mit Schlamm bedeckt. Heruntergefallene Äste hatten die meisten Fenster zerstört. Es dauerte zwei Jahre, um alle Schäden zu reparieren. Um zu helfen, nahmen sich Freunde von *World Vision* der *Brock Grundschule* an. Sie gaben den Lehrern das benötigte Material, damit sie die Kinder unterrichten konnten. Die Kinder bekamen Rucksäcke voller Bleistifte und Malkreiden und Heften.

Zu Weihnachten hatte die Lehrerin der *Brock Grundschule* eine Idee: Sie wollte den Kindern helfen, mit anderen Bedürftigen zu teilen, was sie freundlicherweise geschenkt bekommen hatten. Obwohl die Jungen und Mädchen der *Brock Grundschule* nicht viel besaßen, konnten sie trotzdem das Leben anderer Menschen verbessern. Die Lehrerin erzählte den Kindern vom *World Vision*-Katalog. Darin gab es lauter Dinge, die sie spenden konnten, um anderen zu helfen. Die Kinder gaben etwas von ihrem Geld ab, das sie für Pausenbrote hatten, und freuten sich, dass sie damit ein Schwein für eine arme Familie kaufen konnten. Im nächsten Jahr kauften sie Hühner, Enten und Ziegen.

Einige Jahre sind vergangen, aber die Kinder spenden weiterhin ihr Essensgeld, um anderen zu helfen. Martina, die immer noch ihren Rucksack besitzt, den sie nach dem Hurrikan bekommen hat, sagt: „Es gefällt uns, anderen Menschen zu helfen und sie zu unterstützen. Jeder dachte, es wäre eine gute Idee, nachdem uns auch so viel geholfen wurde."

Nachdem die Kinder dieser Klasse selbst einen schrecklichen Sturm erlebt hatten, wollten sie anderen Kindern in Not helfen.

Hast du das gewusst?

★ Der *Hurrikan Katrina* war der zweitstärkste Hurrikan, der jemals in den USA dokumentiert wurde.

★ Slidell in Louisiana liegt am Rande des *Pontchartrain-Sees*, in einem der größten Feuchtgebiete der Welt.

Eine Frau teilt ihr Essen mit Elija

Nach **1. KÖNIGE 17**

Entschuldigung", sagte der Prophet Elija zu einer Frau, die Feuerholz sammelte. „Könntest du mir bitte ein Glas Wasser geben?" Die Frau eilte sofort zu ihrem Haus, um Wasser zu holen. Da fügte Elija hinzu: „Und könnte ich auch etwas Brot haben?"

Gott hatte sich während der Dürrezeit gut um Elija gekümmert. Es hatte in diesem Land lange nicht geregnet, darum trockneten die Flüsse aus und viele Pflanzen starben. Aber Gott hatte Elija befohlen, sein Lager an einem Bach aufzuschlagen, in dem noch ein wenig Wasser floss. Außerdem hatte Gott Vögel geschickt, die Elija Nahrung brachten. Doch schließlich trocknete auch dieser Bach aus. Was sollte Elija tun? Gott schickte Elija nach Sarepta, wo Gott einer Frau befehlen würde, ihm etwas zu essen zu geben.

„Es tut mir leid. Ich habe nicht genug Brot, um es mit dir zu teilen", sagte die Frau traurig. „Ich habe Äste gesammelt, um ein Feuer zu machen, damit ich einen kleinen Laib Brot für meinen Sohn und mich backen kann. Es wird nicht viel sein, denn ich habe nur wenig Öl und Mehl übrig. Danach werden wir nur noch auf den Tod warten."

„Hab keine Angst", sagte Elija. „Geh nach Hause und führ deinen Plan aus, aber mach zuerst einen kleinen Laib Brot für mich. Bring ihn mir und kehre dann zurück, um für dich und deinen Sohn zu backen. Denn Gott sagt: ‚Weder Mehl noch Öl werden ausgehen, bis es in diesem Land wieder regnet.'"

Die Frau ging nach Hause und befolgte Elijas Anweisungen. Sie machte ein Brot für ihn und danach eines für sich und ihren Sohn. Zum Erstaunen der Frau war genug Öl in der Kanne und ausreichend Mehl im Topf, um täglich Brot zu backen – ganz genau wie Elija es gesagt hatte!

Die Frau lernte, selbst den kleinsten Rest zu teilen.

Gott wird sich um die Menschen kümmern, die großzügig sind.

Teilen

Kann man teilen, wenn man selbst arm ist? Bei unserem Besuch in Burundi haben wir erlebt – ja, das kann man! In Deutschland verdienen die Erwachsenen über hundertmal so viel Geld wie Menschen in Burundi. Wenn du fünf Euro Taschengeld bekommst, bekämen die Kinder dort fünf Cent. Aber da die meisten Familien sehr arm sind, bekommen sie nicht einmal das. Die Kinder müssen bei der Haus- und Gartenarbeit helfen. Denn im Garten wächst das, was die Familie essen kann; Bananen oder Mais zum Beispiel.

Jetzt würde man denken: Wer so wenig hat, hat auch nichts zu geben. Aber das stimmt nicht! Die Menschen in Burundi sind sehr gastfreundlich und sie teilen häufig. Es ist außerdem erstaunlich, dass man in einem Dorf in Burundi oft mehr Menschen sehen kann, die singen und lachen, als bei uns. Ihr Leben ist nicht einfach. Aber sie sind oft für kleine Dinge dankbar. Wir haben immer wieder Lieder für Gott gehört. Das klingt wunderbar, weil sie wirklich aus dem Herzen kommen.

Jeder Mensch braucht irgendwann Hilfe – und jeder Mensch hat etwas, was er anderen geben kann. Genau wie Elija, der Brot und Wasser brauchte. Und genau wie die erstaunliche Witwe. Sie teilte das Wenige, das sie hatte, mit Elija. Und dann erlebte sie das Wunder, dass sie immer wieder etwas übrig hatte. Sie erinnert mich an die Frauen in Burundi. Und sie macht mich nachdenklich. Wir haben viel. Hundertmal mehr als Menschen in Burundi und in vielen armen Ländern unserer Welt. Warum fällt es uns so schwer zu teilen? Beim Teilen gibt man ja immer nur einen Teil von dem, was man hat. Darum kann man eigentlich immer teilen, oder?

Judy Bailey (Musikerin)

★ Burundi ist das Land der Hügel. Deshalb heißen die Dörfer nicht „Dorf", sondern „Hügel" (franz. „colline").

★ In Burundi ist das Fahrrad ein Transport-mittel, auf dem sehr schwere Lasten transportiert werden, z.B. Holz, Bananenstauden, Tiere etc.

★ Am Tanganjika-See leben viele Nilpferde. Sie kommen nachts aus dem Wasser und schlafen am Strand. Dann dürfen Menschen nicht in die Nähe kommen, weil das zu gefährlich ist.

Ein kleines Mädchen bewirkt viel

Nach **2. KÖNIGE 5**

„Wenn mein Herr doch Gottes Propheten treffen könnte!", sagte das kleine Dienstmädchen zu seiner Herrin. „Der könnte ihn von seinem Aussatz heilen!"

Naaman, ihr Herr, war der Heerführer einer Armee, die schon viele Kämpfe gewonnen hatte. Er war ein wichtiger Mann, aber er hatte Lepra, das ist eine schlimme Hautkrankheit. Menschen mit dieser Krankheit mussten ihre Heimat verlassen und in Lagern weit entfernt von anderen Menschen leben.

Naaman hörte auf das Dienstmädchen und ging zu Elischa, dem Propheten Gottes. Als Naaman Elischas Haus erreichte, kam ihm ein Bote mit folgender Nachricht entgegen: „Elischa sagt, du sollst zum Fluss namens Jordan gehen und dich dort siebenmal waschen, dann wirst du geheilt sein."

Naaman wurde wütend, dass nur ein Bote gekommen war, um ihm Elischas Nachricht zu überbringen. „Der Prophet kommt nicht selbst hinaus, um mich zu sehen? Nein! Ich werde mich nicht im Fluss waschen. Außerdem, warum sollte dieser Fluss besser sein als die Flüsse bei uns zu Hause?" Er drehte sich um und wollte gehen.

„Herr, warte!", rief Naamans Diener. „Wenn der Prophet dir eine schwierigere Aufgabe gegeben hätte, hättest du sie dann erfüllt? Warum wäschst du dich nicht einfach?"

Da gehorchte Naaman. Er ging zum Jordan und wusch sich siebenmal. Als er aus dem Wasser stieg, war seine Haut sauber und gesund. Seine Lepra war geheilt!

Naaman ging zu Elischa und sagte: „Nun sehe ich, dass es keinen Gott auf der Welt gibt, außer in Israel!"

Naaman wurde geheilt,
weil er auf den Rat eines
kleinen Mädchens hörte.
Gott kann jeden
gebrauchen, egal,
wie alt er ist.

Die wichtige Nachricht eines Jungen

Edward Thomson ist in Senzani in Malawi aufgewachsen und er war ein glücklicher kleiner Junge. Er ging zur Schule. Dort lernte er, Englisch zu sprechen und zu lesen. Er spielte Fußball. Und er arbeitete auf dem Dorfbauernhof, wo die Familien rote Bohnen, Mais, Süßkartoffeln und Erdnüsse anbaute. Da kam eine schreckliche Krankheit in Edwards Land und viele Menschen starben, auch viele seiner Familienmitglieder und Freunde. Heute können die Menschen eine Medizin nehmen, um nicht an dieser Krankheit zu sterben, aber damals gab es nichts, was sie heilen konnte.

Nachdem seine Tante gestorben war, schrieb Edward ein Gedicht über seine Gefühle. Ein Besucher des Dorfs nahm ein Video auf, als Edward sein Gedicht vortrug. Dieses Video verbreitete sich in den USA und wurde oft angesehen. Edward war erst sieben Jahre alt, aber seine Worte machten die Menschen auf die Situation in seinem Land und in ganz Afrika aufmerksam. Sie begannen zu helfen.

Gott nutzte ein kleines Mädchen, um Naaman einen guten Ratschlag zu geben, als er krank war. Und Gott gebrauchte den kleinen Edward, um darauf aufmerksam zu machen, was mit den kranken Menschen in Malawi geschah.

Edwards Gedicht wurde sogar in einem Buch veröffentlicht.

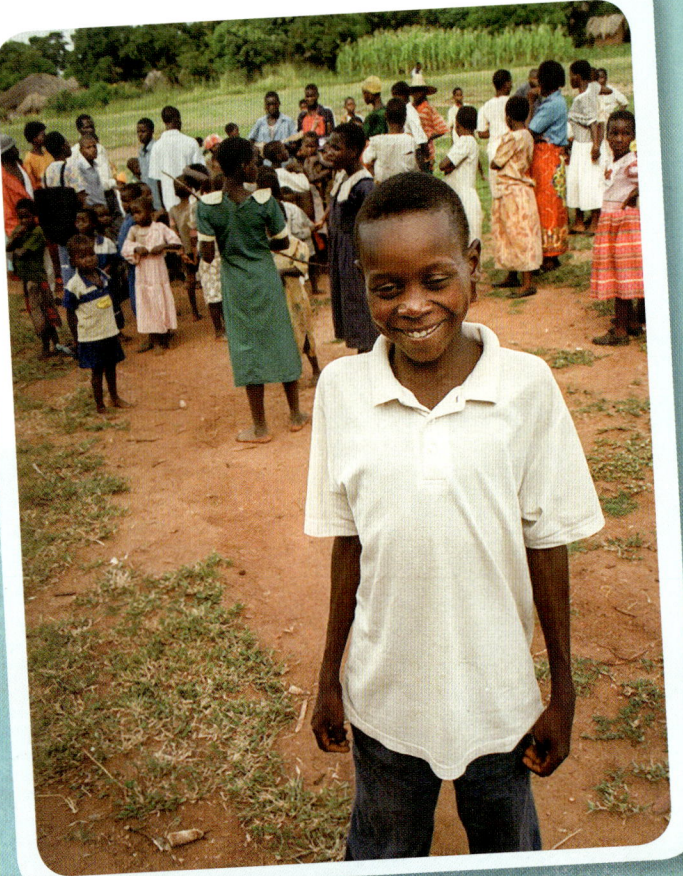

Hast du das gewusst?

★ Malawi wird auch das Warme Herz Afrikas genannt, weil die Menschen, die dort leben, so *freundlich* sind!

★ Der *Malawisee* ist der drittgrößte See in Afrika. Manchmal wird er auch Kalendersee genannt, weil er 365 Meilen (also ca. 587 Kilometer) lang und 52 Meilen (also ca. 84 Kilometer) breit ist.

Wahrer Gottesdienst

Nach **JESAJA 58**

Der Herr sagte zu Jesaja: „Schrei es laut heraus! Halte dich nicht zurück! Zeig den Menschen ihre schlechten Taten, damit sie nach mir suchen und tun, was richtig ist."

Jesaja war ein Prophet. Er hatte die Aufgabe, die Israeliten zu ermutigen, dass sie Gott gehorchten und zu seiner Ehre lebten. Viele Menschen taten so, als wären sie Gott nahe. Sie gaben vor, sie würden auf Gott hören, aber sie taten es in Wirklichkeit nicht.

Jesaja sagte es laut und deutlich: „Ihr verhaltet euch falsch! Ihr heuchelt vor, Gott zu verehren, dabei denkt ihr nur an euch selbst und streitet miteinander. Aber Gott könnt ihr nicht täuschen. Ihr verehrt ihn gar nicht wirklich."

Jesaja fuhr fort, Gottes Botschaft zu verkünden. Er erklärte den Menschen, wie man Gott wirklich dienen kann: „Gott will, dass ihr euer Essen mit den Hungrigen teilt. Er freut sich, wenn ihr Obdachlosen einen Ort gebt, an dem sie bleiben können, und wenn ihr denen Kleidung gebt, die keine haben. Achtet auf die Männer und Frauen, Jungen und Mädchen um euch herum. Helft ihnen, so oft ihr könnt.

Wenn ihr den Bedürftigen helft und Zeit und Energie aufwendet, um möglichst viel für sie zu tun, dann hat euer Fasten und Beten für Gott eine Bedeutung. Er wird euch helfen und führen. Gott wird sich um euch kümmern und euch geben, was ihr braucht. Achtet darauf, Gottes heiligen Tag zu ehren. Tut nicht einfach, was ihr tun wollt, denn damit entehrt ihr Gott. Freut euch über den Herrn, dann wird er euch segnen!"

Die wahre Verehrung Gottes kommt aus dem Herzen. Dazu gehört auch, Gott zu dienen, indem man anderen hilft.

Anbetendes Herz, teilendes Herz

Der dreizehnjährige Anele liebte die Schule. Die siebte Klasse war sein tollstes Schuljahr gewesen. Nächstes Jahr sollte er eine neue Schule für ältere Jungen besuchen. Anele war ein guter Schüler. Er machte sich keine Sorgen, dass der Unterricht zu schwer für ihn sein könnte, aber die neue Schule war über acht Kilometer von seinem Dorf entfernt! Würde er morgens genug Zeit haben, um am Dorfbrunnen Wasser für seine Familie zu schöpfen und dann noch pünktlich zur Schule zu kommen? Würde er genügend Kraft haben, mit leerem Magen eine so weite Strecke zu Fuß zurückzulegen? Anele hatte eine liebevolle Großmutter, die sich sehr bemühte, ihm ein schönes Leben zu bieten, aber sie waren arm und das Leben in Simbabwe war schwierig.

Da hörte eine Familie aus den USA Aneles Geschichte und entschloss sich zu helfen. Die Familienmitglieder kannten die Bibel. Deshalb wussten sie, dass sie die Gaben, die sie von Gott erhielten, mit anderen teilen sollten. Und sie wussten, dass sie Gott ihre Liebe zeigen konnten, indem sie anderen halfen.

Sie schickten Geld, sodass sich Anele Essen und andere nötige Dinge kaufen konnte. Dank seiner großzügigen christlichen Freunde erhielt er ein Fahrrad. Nun konnte er jeden Tag zur Schule fahren. Er bekam außerdem eine Schubkarre, mit der er das Wasser transportieren konnte, anstatt es in Eimern auf der Schulter zu tragen. Aufgrund der Freundlichkeit von Menschen, die ihm nie begegnet waren, wurde Aneles Leben viel leichter.

Aneles neue Freunde wussten, dass man Gott nicht dient, wenn man nur sonntags in die Kirche geht. Gott zu dienen bedeutet auch, Menschen zu helfen, die weniger besitzen, und sich um Kinder wie Anele zu kümmern.

★ Der größte Stausee der Welt, der *Karibasee*, befindet sich in Simbabwe.

★ Der Name *Simbabwe* bedeutet in der Sprache Schona Großes Haus aus Steinen.

★ Simbabwe hieß einst Rhodesien und wurde nach dem Unternehmer Cecil Rhodes benannt.

Anele sagt, der Freund, der ihm geholfen hat, ist ein „Mensch Gottes".

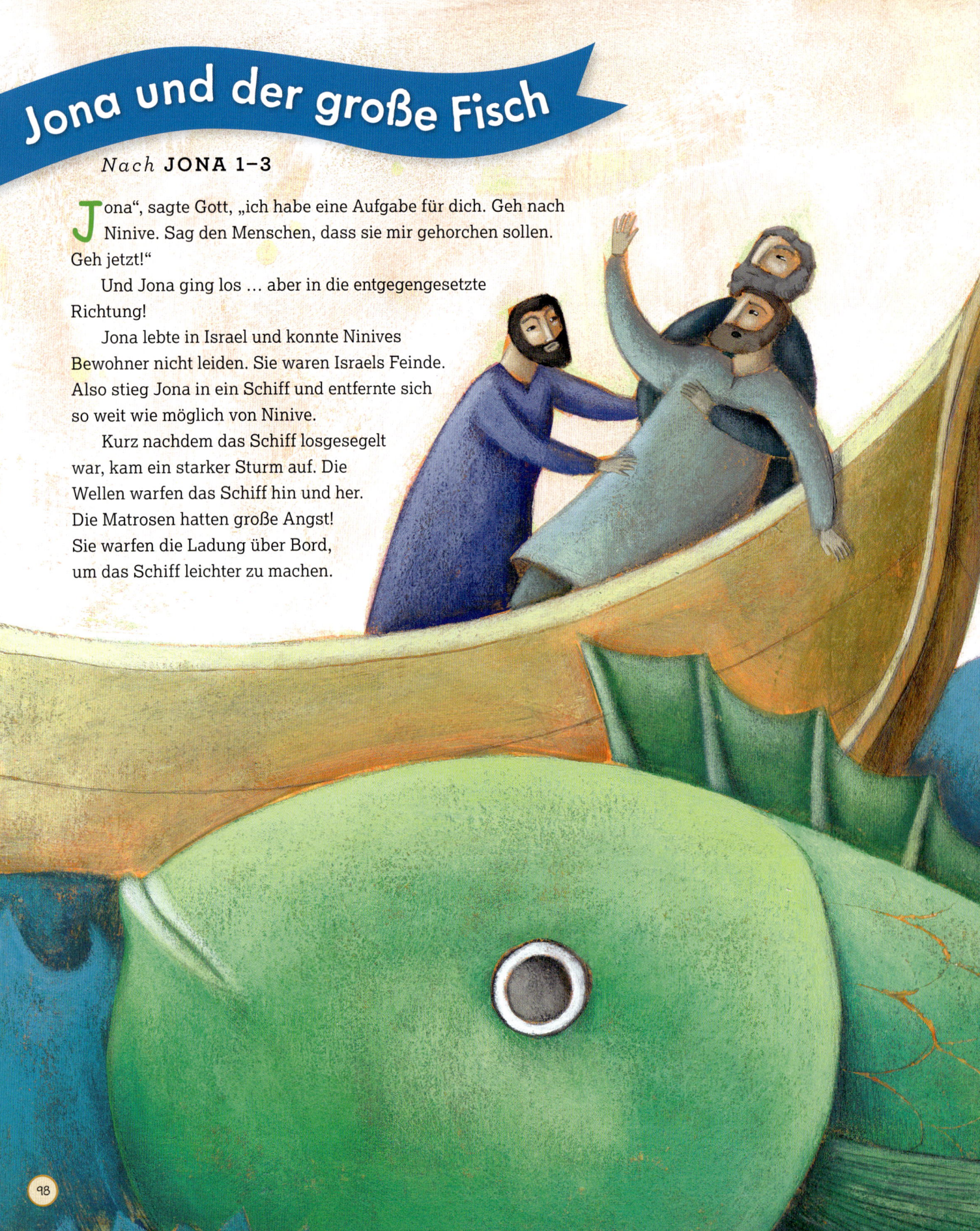

Jona und der große Fisch

Nach **JONA 1–3**

„Jona", sagte Gott, „ich habe eine Aufgabe für dich. Geh nach Ninive. Sag den Menschen, dass sie mir gehorchen sollen. Geh jetzt!"

Und Jona ging los ... aber in die entgegengesetzte Richtung!

Jona lebte in Israel und konnte Ninives Bewohner nicht leiden. Sie waren Israels Feinde. Also stieg Jona in ein Schiff und entfernte sich so weit wie möglich von Ninive.

Kurz nachdem das Schiff losgesegelt war, kam ein starker Sturm auf. Die Wellen warfen das Schiff hin und her. Die Matrosen hatten große Angst! Sie warfen die Ladung über Bord, um das Schiff leichter zu machen.

Die Matrosen glaubten, dass Jona der Grund für den Sturm sein könnte. Sie weckten ihn und fragten: „Wütet dieser Sturm, weil du etwas getan hast?"

„Ja", sagte Jona, „es stürmt, weil ich vor Gott davonlaufe. Er hat mir eine Aufgabe gegeben, aber ich habe ihm nicht gehorcht. Werft mich über Bord und der Sturm wird aufhören."

Die Matrosen wollten ihn erst nicht ins Meer werfen. Aber schließlich taten sie es doch und der Sturm legte sich sofort. Da schickte Gott einen großen Fisch, der Jona verschlucken sollte! Drei Tage und Nächte saß Jona in diesem Fisch. Er betete: „Gott, ich weiß, dass ich dein Wort missachtet habe. Gib mir noch eine Chance und ich werde tun, was du von mir verlangst." Also befahl Gott dem Fisch, Jona ans Ufer zu spucken.

Ein mit Seetang bedeckter und durchnässter Jona ging daraufhin direkt nach Ninive. Er sagte den Menschen: „Fangt an, Gott zu gehorchen!" Sie hörten auf Jona und Gott vergab ihnen, dass sie ungehorsam gewesen waren.

Gott wollte, dass die Menschen in Ninive von ihm erfuhren. Es spielte keine Rolle, dass sie nicht aus Israel stammten; es war egal, dass sie anders waren als Jona.

Gott möchte, dass alle Menschen wissen, wie sehr er sie liebt.

Sauberes Wasser für alle

Hast du schon einmal ein Suchbild gesehen, bei dem man die Unterschiede zwischen zwei beinahe identischen Abbildungen finden muss? Auf den ersten Blick sehen sie völlig gleich aus, aber beim näheren Betrachten merkst du, dass es viele Unterschiede gibt. Und genauso verhielt es sich mit vier kleinen Dörfern in Ghana.

In gewisser Weise waren sich die Menschen, die in den Dörfern lebten, sehr ähnlich. Aber zum Teil waren sie auch sehr unterschiedlich. Sie trugen ähnliche Kleidung, aßen das gleiche Essen und lebten in der gleichen Art von Häusern. Außerdem waren sie alle sehr durstig. In keinem der Dörfer gab es sauberes Wasser. Wenn die Menschen etwas trinken wollten, mussten sie einen langen Weg zu einem schlammigen Teich zurücklegen. Dort füllten sie Eimer mit dreckigem Wasser, das sie krank machte.

Eines Tages kamen Freunde von *World Vision* mit großen Neuigkeiten zu ihnen: Sie wollten den Dorfbewohnern helfen, Brunnen zu bohren, sodass alle frisches Wasser in der Nähe hätten. Die Leute waren sehr aufgeregt und als die Brunnen fertig waren, feierten sie ein großes Fest. Die Oberhäupter der ersten drei Dörfer standen auf und hielten Reden. Sie dankten ihren neuen Freunden für die Hilfe und das saubere Wasser. Als sich das vierte Oberhaupt erhob, dankte auch dieser Mann für die Hilfe und das Wasser. Aber dann sagte er noch etwas anderes: „Ihr seid Christen und auch die Einwohner der anderen drei Dörfer sind Christen. Aber die Leute in meinem Dorf sind es nicht und trotzdem habt ihr uns Wasser gegeben. Weil ihr so freundlich zu uns gewesen seid, wollen wir mehr über euren Gott erfahren."

Das vierte Dorf war anders als die anderen drei, aber Gott liebte die Menschen dort genauso sehr wie die Menschen in den anderen Dörfern.

Hast du das
gewusst?

★ Ghana ist berühmt für seinen traditionellen Stoff namens Kente, der auch manchmal der Stoff der Könige genannt wird.

★ Über 900 Schmetterlingsarten sind in Ghana beheimatet, darunter auch der Afrikanische Riesenschwalbenschwanz, der eine Flügelspannweite von bis zu 23 Zentimetern hat. Damit ist er so groß wie ein kleiner Vogel!

★ Die Kinder in Ghana gehen zwei Jahre in den Kindergarten, bevor sie in die Schule kommen.

Sauberes Wasser
garantiert das
Leben in Ghana.

Schadrach, Meschach und Abed-Nego wussten,
dass Gott immer bei ihnen sein würde, egal, was
auf sie zukam – und er wird auch immer bei dir sein.

Schadrach, Meschach und Abed-Nego

Nach **DANIEL 3**

Jeder muss sich verbeugen und die Statue des Königs anbeten! Wer das nicht tut, wird in einen brennenden Ofen geworfen!" Die Boten des Königs trugen diese Nachricht durchs ganze Land.

Gottes Volk war gezwungen worden, seine Heimat zu verlassen. Es lebte nun in Babel unter der Herrschaft von König Nebukadnezar. Seine Gesetze widersprachen Gottes Gesetzen, aber dennoch richteten sich die Menschen nach ihnen. Alle verbeugten sich vor der Statue des Königs – nur Schadrach, Meschach und Abed-Nego nicht. Diese jungen Juden weigerten sich, jemand anderen als ihren Gott anzubeten.

„Hör mal", petzte jemand dem König, „diese drei wollen sich nicht vor deiner Statue verbeugen."

Der König wurde zornig und befahl seinen Männern, Schadrach, Meschach und Abed-Nego zu ihm zu bringen. „Ist es wahr", wollte er wissen, „dass ihr euch nicht vor meiner Statue verbeugen wollt? Wisst ihr nicht, dass ihr in einen brennenden Ofen geworfen werdet, wenn ihr euch weigert?"

„Du kannst uns in den Ofen werfen", antworteten Schadrach und seine Freunde. „Vielleicht rettet uns unser Gott – aber selbst wenn er es nicht tut, werden wir niemals deine Götter verehren oder uns vor deiner Statue verneigen. Wir beten nur zu unserem Herrn und Gott."

„Heizt den Ofen noch siebenmal mehr ein!", rief der König. Der Feuerofen war so heiß, dass die Soldaten, die die drei Männer in den Ofen warfen, vor Hitze starben. Plötzlich sprang der König überrascht auf. „Haben wir nicht drei Männer in das Feuer geworfen? Wieso sehe ich dann vier? Und der vierte sieht aus wie der Sohn Gottes!"

Dann rief der König: „Schadrach, Meschach, Abed-Nego, Diener des höchsten Gottes, kommt aus dem Feuer! Gelobt sei euer Gott, der euch gerettet hat!"

Die jungen Männer waren nicht verletzt, sie rochen nicht einmal nach Rauch! Gott hatte sie beschützt, weil sie ihn geehrt hatten.

Auf Gott vertrauen

Im Januar 2010 gab es ein schreckliches Erdbeben in der Inselregion Haiti. Immacula hatte gerade das Abendessen für ihre Kinder Magdelena und Rodolphe auf den Tisch gestellt, als die Erde zu beben anfing. Die Wände ihres Hauses begannen zu zerbröckeln und auf sie herabzufallen. Doch Rodolphe gelang es, das Haus zu verlassen und Hilfe zu holen. Als sein Vater Rochelin dort ankam, stellte er fest, dass Immacula und Magdelena im Inneren des Hauses eingeschlossen waren.

„Ich habe mich mit bloßen Händen durch die Trümmer gegraben. Als ich Magdelena fand, sagte ich: ‚Danke Gott. Hier ist meine Tochter.'" So wie Schadrach, Meschach und Abed-Nego vertraute Rochelin auf Gottes Kraft, um seiner Familie in einer fast aussichtslosen Situation helfen zu können.

Weil die Häuser durch das Erdbeben zerstört worden waren, mussten die Menschen eine Zeit lang auf den zwei Fußballfeldern der Stadt leben. Dort halfen Krankenschwestern, Immaculas und Magdelenas Wunden zu verbinden. Christliche Freunde gaben ihnen ein Zelt, eine Ausrüstung zum Kochen und andere Dinge, die sie zum Leben brauchten.

Schnell war Magdelena wieder so gesund, dass sie mit den anderen Kindern Verstecken spielen konnte. Rodolphe spielte Fußball. Obwohl ihr Leben immer noch nicht einfach ist, weiß Rochelin, dass Gott bei ihnen ist. Er vertraut auf Gottes Hilfe. „Ich kann sonst nichts machen. Alles ist jetzt in Gottes Händen. Er hat mir Mut und Stärke gegeben, um das durchzustehen. Er wird sich um meine Kinder kümmern", sagt Rochelin zuversichtlich.

Magdelenas Vater vertraut darauf, dass Gott sich um seine Familie kümmern wird.

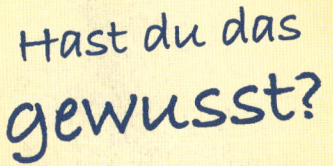

Hast du das gewusst?

★ In Haiti besitzen nur wenige Menschen ein Auto. In den Städten fahren die Menschen mit bunten Bussen, die Tap-Taps genannt werden.

★ Die französische und haitianische Kreolsprache sind die offiziellen Sprachen Haitis.

★ Der Nationalsport Haitis ist Fußball. Die Haitianer nennen ihn Football.

Gott rettet Daniel

Nach **DANIEL 6**

Die königlichen Statthalter waren schlecht gelaunt. Sie hatten ein Problem, das sie nicht lösen konnten. Daniel, den König Darius besonders mochte, sollte eine Beförderung bekommen, die sie eigentlich selbst haben wollten!

Daniel kam nicht aus Babel, aber er hatte gezeigt, dass er ehrlich war und immer das Richtige tat. König Darius hatte ihm bereits eine wichtige Aufgabe gegeben, aber jetzt sollte er sogar für das ganze Königreich zuständig sein. Die königlichen Statthalter und die anderen Berater des Königs waren eifersüchtig. Sie suchten nach einer Möglichkeit, Daniel in Schwierigkeiten zu bringen. Aber er verhielt sich so aufrichtig, dass nichts funktionierte.

Schließlich hatten sie einen Plan. „O König, du solltest das Gesetz aufstellen, dass deine Untertanen dreißig Tage lang nur dich und sonst niemanden anbeten dürfen. Wer dieses Gesetz bricht, wird in die Höhle der Löwen geworfen." Die Männer wussten, dass Daniel täglich zu Gott betete. Sie ließen ihre Idee so verlockend klingen, dass König Darius das Gesetz unterschrieb.

Wie er es immer getan hatte, fuhr Daniel fort, dreimal täglich zu Gott zu beten. Als die Männer Daniel am Fenster knien und beten sahen, rannten sie zum König, um es ihm zu erzählen. „Daniel hat dein Gesetz gebrochen. Er hat zu seinem Gott gebetet. Er muss bestraft werden!"

Der König wurde sehr traurig. Er wollte nicht, dass Daniel in die Höhle der Löwen geworfen wurde. „Möge dein Gott dich beschützen", sagte er zu Daniel. Dann wurde Daniel in die Höhle voller großer, hungriger Löwen gesperrt.

Der König machte sich solche Sorgen, dass er die ganze Nacht nicht schlafen konnte. Früh am nächsten Morgen lief er hinaus zur Löwenhöhle. „Daniel, Diener des lebendigen Gottes, hat dein Gott dich beschützt?", rief der König.

„Mein Gott hat seine Engel geschickt, um die Mäuler der Löwen zu verschließen", antwortete Daniel. „Ich bin unverletzt!"

König Darius war sehr glücklich, dass Daniel in Sicherheit war. Er sagte: „Ich befehle, dass von nun an jeder Daniels Gott verehrt!"

Gott schützte Daniel in der Gefahr, weil er ihn ehrte –
Gott beschützt seine Kinder.

Beschützt durch Gottes Liebe

Die zehnjährige Hannah kann sich kaum mehr an den schrecklichen Tag in Mauretanien erinnern. Sie fuhr mit ihrem Vater in einem Auto, als ein Mann mit einer Pistole zu schießen begann. Das Nächste, woran sie sich erinnert, ist, dass sie in einem Krankenhaus in Frankreich erwachte. Ärzte und Krankenschwestern kümmerten sich um ihre Verletzungen. Es dauerte lange, bis Hannah sich erholte. Aber als sie wieder völlig gesund war, beschlossen sie und ihre Familie, nach Mauretanien zurückzukehren. Denn ihr Vater sollte sich weiterhin um arme Familien kümmern.

Jeder in Mauretanien war überrascht. Sie dachten, Hannah würde ganz bestimmt nicht mehr in Mauretanien leben wollen. Aber Hannahs Vater erklärte, dass die Familie zurückgekommen war, weil sie Jesus liebten und weil Jesus wollte, dass seine Nachfolger andere Menschen liebten.

Der Mann, der auf Hannah geschossen hatte, saß im Gefängnis und sie wollte ihn treffen. Sie wollte ihm sagen, dass sie ihm seine Taten vergeben hatte, genauso wie Jesus ihr ihre Sünden vergeben hatte. Obwohl das Lesen der Bibel in Mauretanien verboten ist, las Hannahs Mutter aus der Bibel vor, als die Familie einen Besuch im Gefängnis machte. Aber anstatt eingesperrt zu werden, erschienen Hannah und ihre Familie in der Zeitung, und es wurden die Einzelheiten ihrer Geschichte genannt. Sogar der Präsident Mauretaniens hörte davon.

Als Hannahs Familie zum ersten Mal nach Mauretanien kam, hatten sie Gott um Hilfe gebeten, weil sie ihren Nachbarn seine Liebe zeigen wollten. Sie hatten nicht gewusst, dass es so gefährlich werden würde, aber Gott war immer bei ihnen. Die Einwohner Mauretaniens erinnern sich noch immer an Hannah, ihre Familie und ihre Botschaft von Gottes Liebe.

Hannah erzählt immer wieder ihre Geschichte vom Überleben und von der Vergebung.

Hast du das gewusst?

★ Wenn du über Mauretanien hinwegfliegst, kannst du so etwas wie ein großes **Bullauge** sehen. Man nennt es das *Auge von Afrika*. Die Leute dachten zunächst, es wäre das Ergebnis eines Meteoriteneinschlags, aber niemand weiß, wie es tatsächlich entstand.

★ In Mauretanien gibt es den längsten **Zug** der Welt. Er ist über zwei Kilometer lang.

Gott gab Ester den Mut, das Richtige zu tun, obwohl es gefährlich war.

Königin Ester beschützt ihr Volk

Nach **DEM BUCH ESTER**

Die schöne Ester war unter allen Mädchen des Königreichs als neue Königin ausgewählt worden. Der König fand sie wundervoll.

Aber nun war Ester in großen Schwierigkeiten.

Ein böser Mann namens Haman hatte den König überredet, ein Gesetz zu unterschreiben, das befahl, alle Juden zu töten. Der König wusste nicht, dass auch Königin Ester jüdisch war!

Esters Cousin Mordechai kam mit einer wichtigen Botschaft zu ihr. „Du musst dein Volk beschützen. Vielleicht ist das der Grund, warum du Königin geworden bist!"

„Lass die Menschen für mich beten", antwortete die junge Königin, „und ich werde zum König gehen, auch wenn ich vielleicht getötet werde."

Das Gesetz sagte, dass Königin Ester nicht vor den König treten durfte, wenn er sie nicht eingeladen hatte. Aber Esther wagte es mutig, dieses Gesetz zu brechen und zu ihm zu gehen.

Erleichtert atmete sie auf, als der König sich über ihren Besuch freute. „Was kann ich für dich tun, meine Königin?", fragte er. Ester lud den König und Haman ein, an diesem und am nächsten Abend bei ihr zu essen. Als sie am zweiten Abend mit dem Essen fertig waren, hatte Ester eine große Bitte an den König: „Bitte rette mich und mein Volk. Wir sollen getötet werden!"

„Wer würde es wagen, so etwas zu tun?", fragte der König.

„Es ist er, der boshafte Haman! Er wird alle Juden töten und mich auch! Ich bin Jüdin!"

Der König war so wütend, dass er statt der Juden Haman töten ließ – und die Juden waren gerettet!

Gott schenkt Mut

„Es tut mir unglaublich leid", sagte der Arzt zu Susans Mutter. „Wir haben schlechte Neuigkeiten. Deine Tochter ist sehr krank."

Susan war so krank, dass der Arzt glaubte, sie nicht mehr heilen zu können. Aber er entschied sich, eine neue Medizin auszuprobieren, und zur Überraschung aller begann Susan gesund zu werden. Ihre Krankheit verschwand nicht, aber sie konnte das Krankenhaus verlassen, um nach Hause zu ihren zwei kleinen Kindern zu gehen. Ihr Zuhause war das Dorf Chibundi in Sambia.

Ihre Nachbarn befürchteten jedoch, dass sich Susans Krankheit auf andere übertragen könnte. Sie wollten nicht, dass Susan nach Hause kam. Sie fingen sogar an, verletzende Dinge über sie zu sagen, die sie sehr traurig machten. Nun begann Susan zu beten. Je mehr sie betete, desto stärker war sie davon überzeugt, dass Gott eine Aufgabe für sie hatte: Sie sollte offen über ihre Krankheit sprechen und anderen Erkrankten helfen.

Aber öffentlich darüber zu reden verlangte viel Mut. Als sie das erste Mal in eine Kirche ging, um dort über die Krankheit zu berichten, hatte Susan große Angst. Sie fürchtete, dass die Menschen sie fortjagen würden. Aber sie taten es nicht. Stattdessen hörten sie ihr aufmerksam zu. Dann besuchte sie Kurse, in denen sie lernte, den Kranken zu helfen. „Ich wusste nicht, dass meine Arbeit als Pflegerin so viele Leben beeinflussen würde." Aber genau das geschah. Jetzt bedankten sich viele Menschen bei Susan dafür, dass sie ihnen geholfen hatte zu überleben.

Genau wie Königin Ester hatte Susan zunächst Angst davor, offen zu sprechen. Aber Gott half ihr, mutig zu sein, und so konnten viele Leben durch Susans Mut gerettet werden.

Susan **spürt Gottes Liebe trotz ihrer Krankheit.**

★ Der Name *Sambia* stammt vom Fluss Sambesi. Sambesi wiederum kommt vom einheimischen Begriff yambeji, der so viel wie „große Gewässer" bedeutet.

★ Die *Victoriafälle*, benannt nach der englischen Königin Victoria, sind eines der sieben Naturwunder der Erde. Afrikaner nennen sie Musi-o-Tunya, was „Rauch, der donnert" bedeutet.

Hast du das **gewusst?**

Gemeinsamer Wiederaufbau einer Mauer

Nach **NEHEMIA 1–6**

Nehemia war ein wichtiger Diener des persischen Königs Artaxerxes. Eines Tages war Nehemia sehr traurig, als er zum König ging. „Was ist los, Nehemia?", fragte Artaxerxes.

„Ich bin traurig, weil Jerusalem, die Heimat meiner Vorfahren, niedergebrannt wurde und die Mauer zertrümmert am Boden liegt", antwortete Nehemia.

„Wie kann ich dir helfen?"

„Lass mich nach Jerusalem gehen, um die Mauer wiederaufzubauen", bat Nehemia.

Der König stimmte zu und gab Nehemia Briefe für die anderen Herrscher mit, sodass er sicher reisen und arbeiten konnte. Der König schickte sogar Boten zum Aufseher des königlichen Waldes, mit dem Befehl, Nehemia Holz für sein Vorhaben zu geben.

Als Nehemia in Jerusalem ankam, sagte er zu seinen Leuten: „Vor uns liegt eine Menge Arbeit. Der König hat mir erlaubt, die Mauer wiederaufzubauen. Und Gott ist auch auf unserer Seite, also lasst uns beginnen!"

Die Menschen waren einverstanden, gemeinsam mit Nehemia an diesem großen Vorhaben zu arbeiten. Einige trugen das Holz, andere schnitten es zurecht, wieder andere hämmerten und nagelten, anderen dagegen holten Wasser für die Arbeiter. Jeder hatte eine Aufgabe.

Aber nicht jeder freute sich über Nehemias Plan. Einige Männer wollten nicht, dass die Mauer aufgebaut wurde. Sie wollten Nehemia entmutigen und sagten: „Schon ein kleiner Fuchs, der die Mauer hinaufklettert, würde sie wieder zum Einsturz bringen!"

Aber damit richteten sie nichts aus, also suchten die Männer nach anderen Möglichkeiten, um den Bau zu stoppen. Nehemia gab einigen Männern die Aufgabe, die anderen Arbeiter zu bewachen und die Menschen daran zu erinnern, dass Gott auf ihrer Seite war. Weil alle zusammenarbeiteten, Nehemias Anweisungen folgten und auf Gott vertrauten, wurde die Mauer innerhalb von zweiundfünfzig Tagen komplett aufgebaut!

Menschen, die zusammenarbeiten, können große Dinge erreichen!

Zusammen bauen

Die Hütte, die der zwölfjährige George für seinen kleinen Bruder und seine kleine Schwester im Dorf Senzani in Malawi gebaut hatte, war nicht sehr stabil. Aber was wusste ein kleiner Junge schon über den Hausbau?

Georges Eltern waren gestorben und er musste sich nun um seinen Bruder und seine Schwester kümmern. Als sich Termiten durch die Hütte der Familie fraßen, war es Georges Aufgabe, eine neue zu bauen. Dann, als er sechzehn war, machten sich die Termiten auch über die neue Hütte her! Wieder musste George eine Hütte bauen, aber diesmal gelang es besser, denn er musste nicht alleine arbeiten. Er hatte Hilfe: Christliche Freunde erkannten, dass die Aufgabe für George und seine Geschwister schwierig zu bewältigen war, darum packten sie mit an.

Nehemia konnte die Mauer von Jerusalem nicht alleine wiederaufbauen. Er brauchte Hilfe. George brauchte auch Hilfe bei seinem Bauprojekt. Er war froh, dass er Helfer hatte, die mit ihm daran arbeiten wollten. Gemeinsam konnten sie eine stärkere neue Hütte bauen, die hoffentlich für lange Zeit stehen bleiben würde.

George und sein Bruder spielen draußen vor ihrem Haus Dame.

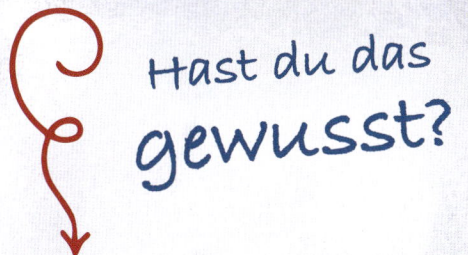

Hast du das gewusst?

★ Malawische Frauen tragen in ihren Dörfern Röcke, niemals Hosen – und diese Röcke müssen die Knie bedecken.

★ Im Malawisee leben mehr als 3000 verschiedene Fischarten. Das ist mehr als in jedem anderen See.

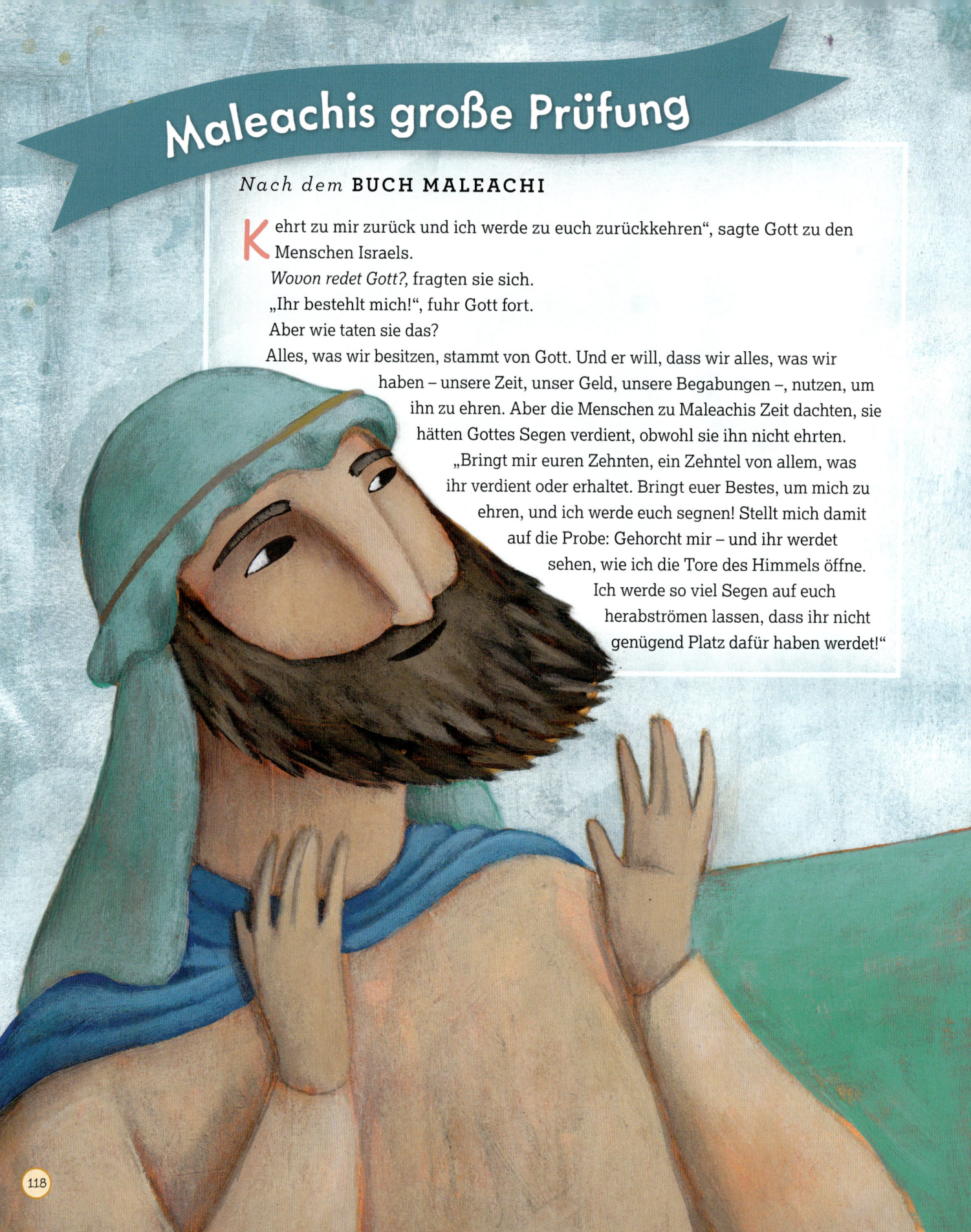

Maleachis große Prüfung

Nach dem **BUCH MALEACHI**

„Kehrt zu mir zurück und ich werde zu euch zurückkehren", sagte Gott zu den Menschen Israels.

Wovon redet Gott?, fragten sie sich.

„Ihr bestehlt mich!", fuhr Gott fort.

Aber wie taten sie das?

Alles, was wir besitzen, stammt von Gott. Und er will, dass wir alles, was wir haben – unsere Zeit, unser Geld, unsere Begabungen –, nutzen, um ihn zu ehren. Aber die Menschen zu Maleachis Zeit dachten, sie hätten Gottes Segen verdient, obwohl sie ihn nicht ehrten.

„Bringt mir euren Zehnten, ein Zehntel von allem, was ihr verdient oder erhaltet. Bringt euer Bestes, um mich zu ehren, und ich werde euch segnen! Stellt mich damit auf die Probe: Gehorcht mir – und ihr werdet sehen, wie ich die Tore des Himmels öffne. Ich werde so viel Segen auf euch herabströmen lassen, dass ihr nicht genügend Platz dafür haben werdet!"

Gott ruft sein Volk dazu auf, ihm ein Zehntel von allem, was es hat, abzugeben. Indem du Gott etwas von deinem Besten abgibst, ehrst du ihn. Außerdem unterstützt du damit Menschen, die Hilfe brauchen. Gott verspricht, dich zu segnen, wenn du auf ihn hörst.

Mehr als Hilfe

Gabriel ist Fischer auf Samar. Das ist eine Insel auf den Philippinen. Eines Tages kam ein gewaltiger Sturm auf und zerstörte das ganze Dorf. Für Gabriel war es besonders schlimm, dass seine wertvollen Netze und sein Boot kaputt waren. Wie konnte er jetzt fischen gehen und seine Familie ernähren?

Viele ausländische Hilfsorganisationen kamen nach Samar und halfen den Fischern und Bauern. Die Helfer sagten zu Gabriel: „Wir kaufen dir ein neues Boot und neue Netze. Aber auch du musst etwas tun: Von deinem Geld aus dem Verkauf der Fische musst du einen Teil sparen."

Das war neu für Gabriel. Er hatte immer nur gerade genug zum Leben gehabt. Jetzt sollte er etwas zurücklegen? Aber er bekam das neue Boot und die Netze nur, wenn er zustimmte.

Die neuen Netze waren gut und so konnte er viele Fische fangen und verkaufen. Jeden Monat legte er etwas Geld zurück. Nach einem Jahr kam erneut ein Sturm und machte vieles kaputt, was in der Zwischenzeit wieder aufgebaut worden war.

Und wieder kamen Helfer aus dem Ausland und fragten ihn: „Was können wir für dich tun, um dir zu helfen?" Gabriel zählte sein gespartes Geld. Dann ging ein Strahlen über sein Gesicht. „Ihr braucht mir nichts zu geben. Ich kann mir jetzt selbst helfen und neue Netze kaufen." Gabriel war stolz darauf. Er war nicht mehr auf die Hilfe von anderen angewiesen.

Anke Kallauch (Referentin für Kindergottesdienst)

Fischerboot

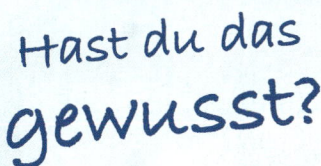

Hast du das gewusst?

★ Die Philippinen bestehen aus mehr als 7107 Inseln, aber nur ungefähr ein Drittel dieser Inseln ist von Menschen bewohnt.

★ Es gibt mehr als 300 Vulkane auf den Inseln der Philippinen, allerdings sind nur noch um die 20 von ihnen aktiv.

Neues Testament

Wenn Gott unerwartete Pläne für uns hat, sollten wir versuchen, wie Maria darauf zu reagieren. Wir können sagen: „Herr, ich bin dein Diener! Hilf mir, deinen Plan auszuführen!"

Maria und Josef treffen Gottes Boten

Nach **MATTHÄUS 1 UND LUKAS 1**

"Sei gegrüßt, Maria. Fürchte dich nicht." Erschrocken rang Maria nach Luft. Wer war da? Und woher kam das helle Licht?

Es war der Engel Gabriel! "Gott freut sich über dich", erklärte Gabriel. "Er hat dich für eine besondere Aufgabe ausgewählt. Du wirst ein Kind bekommen. Dieses Kind wird der Sohn Gottes sein und du sollst ihn Jesus nennen. Gott wird ihn zum König über alle Menschen machen. Er wird für immer herrschen."

Maria war mit einem Mann namens Josef verlobt. Deshalb war diese Botschaft sehr verwirrend für sie. "Wie soll das geschehen? Wie soll ich ein Kind bekommen? Ich bin nicht einmal verheiratet."

"Der Heilige Geist wird über dich kommen, Maria, denn dieses Kind wird Gottes Sohn sein", erklärte Gabriel. "Und höre diese Neuigkeiten: Deine Verwandte Elisabet wird auch ein Kind bekommen, obwohl sie sehr alt ist. Vergiss nicht, dass bei Gott nichts unmöglich ist."

Nachdem Maria still auf Gabriels Worte gehört hatte, antwortete sie nur: "Ich bin Gottes Dienerin. Es soll alles so geschehen, wie du es gesagt hast." Danach verschwand Gabriel.

Als Josef herausfand, dass Maria ein Kind bekommen würde, wollte er die Hochzeit mit ihr absagen. Er wusste nicht, dass das Kind Gottes Sohn war – bis Gott einen Engel zu ihm schickte. "Josef, sage deine Hochzeit nicht ab. Das Kind, das Maria in sich trägt, ist Gottes Sohn! Und wenn er geboren ist, nenne ihn Jesus, denn er wird sein Volk retten."

Ein Kind namens Johannes

Nach **LUKAS 1**

Maria besuchte ihre Cousine Elisabet und wirklich, die ältere Frau war schwanger! Elisabet und ihr Ehemann, Zacharias, hatten keine Kinder bekommen. Deshalb waren sie sehr überrascht, als eines Tages ein Engel mit einer Botschaft von Gott zu Zacharias kam. Der Engel war Gabriel – derselbe Engel, der auch Maria besucht hatte.

„Gott weiß, dass ihr, du und Elisabet, immer Kinder haben wolltet. Nun werdet ihr ein Kind bekommen. Gib ihm den Namen Johannes. Gott hat einen besonderen Auftrag für ihn. Er wird den Menschen verkünden, dass Gottes Sohn auf dem Weg ist", sagte der Engel.

Zacharias zweifelte an der Botschaft des Engels. „Bist du sicher? Wie soll das gehen?"

„Weil du mir nicht geglaubt hast", sagte Gabriel, „wirst du nicht sprechen können, bis das Kind geboren ist." Und von da an hatte Zacharias keine Stimme mehr!

Als Maria Elisabeth begrüßte, hüpfte das Kind in Elisabets Bauch. Es schien zu wissen, dass Marias Kind etwas ganz Besonderes war!

Neun Monate lang konnte Zacharias nicht sprechen. Als das Kind geboren wurde, schlugen die Familienmitglieder verschiedene Namen vor, aber Zacharias schrieb auf eine Tafel: „Sein Name ist Johannes." Sofort kam seine Stimme zurück, denn er hatte auf Gott gehört!

Gott hat einen Plan für jeden von uns, noch bevor wir geboren werden.

Gottes Aufgabe für Jesus und Johannes den Täufer war, dass sie der Welt seine Liebe zeigen sollten. Auch jeder von uns hat die Aufgabe, anderen Menschen Gottes Liebe zu zeigen.

Gottes großer Plan für einen kleinen Jungen

Hast du schon einmal darüber nachgedacht, was du werden möchtest, wenn du groß bist?

Als Titus ein kleiner Junge war, hat er sich vielleicht ausgemalt, ein Lehrer, Polizist oder Arzt zu werden. Er hätte niemals geglaubt, dass er eines Tages stellvertretender Justizminister des ganzen Landes Bangladesch sein würde. Seine Familie war arm und lebte im abgelegenen Dorf Joyramkura. Der Unabhängigkeitskrieg war zu Ende, aber die Menschen mussten immer noch ums Überleben kämpfen. Deshalb kamen Christen aus der ganzen Welt nach Bangladesch, um zu helfen. Sie brachten Nahrung und bauten Schulen und Brücken. Außerdem errichteten sie Krankenhäuser, so wie das, in dem Titus geboren wurde.

Als Titus alt genug war, um zur Schule zu gehen, schenkten ihm die Christen Bücher, Schulsachen und Schuhe. Nachdem Titus die höhere Schule beendet hatte, halfen sie ihm, Anwalt zu werden. Titus wollte Menschen helfen, die unfair behandelt wurden, denen Land gestohlen wurde oder die ins Gefängnis gesperrt wurden, obwohl sie nichts getan hatten. Schließlich wurde Titus zum stellvertretenden Justizminister von Bangladesch und damit zu einem der wichtigsten Männer in seinem Land.

Im Lauf seines Lebens zeigten Christen ihm Gottes Liebe und halfen ihm zu erkennen, welchen Plan Gott für ihn hatte: Er sollte Gutes tun und anderen helfen. Gott hatte wichtige Aufgaben für Jesus und Johannes den Täufer, er hatte eine wichtige Aufgabe für Titus und er hat auch eine wichtige Aufgabe für dich!

Als Junge bekam er Hilfe, damit er zur Schule gehen konnte. Jetzt hat Titus einen wichtigen Beruf.

Hast du das gewusst?

★ Über 158 Millionen Menschen leben in Bangladesch und machen es damit zu dem Land, das am dichtesten besiedelt ist.

★ Anstatt mit Autos fahren die Menschen mit Dreirädern, die Rikscha heißen.

Jesus wird geboren

Nach **LUKAS 2**

Langsam trippelte der kleine Esel die Straße hinab. Maria wippte auf dem Rücken des Esels mit und Josef ging neben ihr her. Sie waren auf dem Weg nach Betlehem, um an der römischen Volkszählung teilzunehmen. Der König wollte wissen, wie viele Menschen in seinem Reich lebten. Deshalb hatte er allen Menschen befohlen, in die Städte ihrer Vorfahren zurückzukehren.

Josefs Vorfahre, David, kam aus Betlehem, also reisten Josef und Maria dorthin.

Maria umklammerte ihren Bauch und ächzte ein bisschen, während sie sich auf und ab bewegte. Das Kind konnte nun jeden Tag kommen. Auf einem Esel zu reiten, war nicht besonders bequem. Sie konnte es gar nicht abwarten, nach Betlehem zu kommen, damit sie sich ausruhen konnte. Aber als sie und Josef endlich dort eintrafen, war die kleine Stadt schon voller Menschen. Kein einziges Zimmer war mehr frei.

Schließlich fanden sie einen freundlichen Gastwirt, der ihnen anbot, in seinem Stall zu schlafen. Und genau in dieser Nacht wurde Jesus geboren. Maria wickelte ihren kleinen Jungen liebevoll in ein Stück Stoff und legte ihn zum Schlafen in eine Futterkrippe.

Was für ein Geschenk! Gott hat jedem Menschen auf der Welt das großartigste Geschenk gemacht, das man sich vorstellen kann – seinen eigenen Sohn, der uns von unseren Sünden erlöst.

Gott schickte seinen Sohn Jesus als Geschenk in diese Welt, weil er uns Menschen so sehr liebt – auch dich!

Ein bescheidener Anfang

In einem Stall geboren und in eine Krippe gelegt – das war ein bescheidener Beginn für Jesus, den Herrn und Retter der Welt. Auch heute werden Menschen in solchen einfachen Verhältnissen geboren. Moses Pulei zum Beispiel wuchs in einer Lehmhütte in Namanga in Kenia auf. Als kleiner Junge gehörte es zu seinen Aufgaben, die Schafe der Familie zu hüten. Das war eine wichtige Aufgabe. Und sein Vater glaubte nicht, dass Moses die Zeit hatte, zur Schule zu gehen *und* die Schafe zu hüten. Aber seine Mutter wollte, dass er etwas lernte. Deshalb fing er mit acht Jahren an, die Grundschule seines Dorfs zu besuchen. Als Moses alt genug war, um auf die höhere Schule zu gehen, musste er viele Kilometer barfuß zurücklegen, um zur Schule zu kommen. Er war bestimmt immer sehr müde, wenn er nach Hause kam!

Moses gehörte zu einem Massai-Stamm in Kenia und wuchs in einer Familie auf, die Jesus nicht kannte. Aber als Moses in die zwölfte Klasse kam, besuchte er ein von Christen geleitetes Ferienlager. Dort erfuhr er, dass Gott die Menschen so sehr liebt, dass er in Gestalt eines Kindes namens Jesus auf die Erde gekommen ist und in einem Stall in Betlehem geboren worden ist. Moses erfuhr außerdem, dass Gott alle, die Jesus lieben, dazu einlädt, Teil seiner Familie zu sein. Moses war sehr glücklich, als er diese gute Nachricht hörte. Er wollte mehr über Gottes Liebe und über Jesus wissen. Schon bald gewann auch Moses Jesus lieb.

Von Afrika nach Amerika – Moses als Student einer Hochschule.

★ Die Männer und Frauen der Massai durchstechen und dehnen ihre Ohrläppchen und tragen große Metallringe an den Spitzen ihrer Ohren.

★ Frauen und Kinder der Massai rasieren sich den Kopf. Die Männer dagegen tragen ihre Haare in langen geflochtenen Zöpfen, die sie mit rotem Lehm einfärben.

★ Die Häuser der Massai werden Enkaji genannt. Sie werden von den Frauen aus Ästen, Gras, Lehm und Kuhdung gebaut.

Hast du das
gewusst?

Die Hirten beteten Jesus an, als sie ihn sahen. Das geschieht, wenn Menschen Jesus begegnen: Ehrfurcht durchflutet ihr Herz und Loblieder erfüllen die Luft!

Gute Neuigkeiten!

Nach **LUKAS 2**

Es war eine stille Nacht. Die Sterne glitzerten am samtig schwarzen Himmel. Auf den Feldern um Betlehem herum legten sich die Schafe zum Schlafen nieder. Ihre Hirten bewachten sie.

Plötzlich erschien ein Engel am schwarzen Himmel über den Feldern – und die Hirten erschraken zutiefst! Aber der Engel sagte: „Fürchtet euch nicht. Ich bringe euch eine gute Nachricht, die euch sehr glücklich machen wird! Heute wurde in Betlehem ein Kind geboren. Es ist Christus, der Herr. Ihr werdet das Kind in Windeln gewickelt in einer Krippe finden."

Genau in diesem Moment füllte sich der ganze Himmel mit einem Engelschor. Jetzt waren die verängstigten Hirten voller Staunen! Die Engel lobten Gott: „Gepriesen sei der Herr im Himmel und alle Menschen auf der Erde sollen Frieden haben!"

Genauso schnell, wie die Engel erschienen waren, verschwanden sie auch. Der Himmel war wieder dunkel und die Nacht still. Die Hirten sahen einander an und versuchten, dieses unglaubliche Erlebnis zu verstehen. Da sagte einer von ihnen: „Lasst uns nach Betlehem gehen und das Neugeborene finden!"

Die Hirten fanden Maria, Josef und das Kind in einem Stall, so wie die Engel es ihnen angekündigt hatten. Nachdem sie die kleine Familie wieder verlassen hatten, waren die Hirten so aufgeregt, dass sie allen erzählten, was sie gesehen hatten und was ihnen die Engel über das Kind gesagt hatten! Dann kehrten sie zu ihren Feldern zurück und lobten Gott für alles, was sie gesehen und gehört hatten.

Gott leitet die weisen Männer

Nach **MATTHÄUS 2**

"Seht nur! Was für ein unglaublicher Stern!" Die Männer aus dem Osten waren erstaunt. Dort am Himmel stand der größte, hellste Stern, den sie je gesehen hatten. Er funkelte wie ein Diamant am schwarzen Nachthimmel. Die weisen Männer wussten, was der Stern bedeutete: Ein neuer König war in einem weit entfernten Land geboren worden. Sie wollten den neuen König treffen und ihm die Ehre erweisen. Darum packten sie Geschenke für ihn ein – Gold, Weihrauch und Myrrhe – und begaben sich auf die Reise, um ihn zu finden.

Der Stern leitete sie auf ihrem Weg. Als sie nach Jerusalem kamen, fragten die Männer in der Stadt, ob jemand wusste, wo sie den König finden könnten.

Menschen aus allen Ländern und Nationen dürfen Jesus Ehre erweisen. Die Bibel sagt, dass sich eines Tages alle vor ihm verneigen werden. Eines Tages wird die ganze Welt von seiner Liebe wissen!

136

Herodes, der König von Judäa, hörte von den Männern und dem Kind, das sie suchten. Seine obersten Priester und Gelehrten wussten aus den Heiligen Schriften, dass der König der Juden in Betlehem geboren werden sollte. Da ließ Herodes die weisen Männer zu sich holen. „Wenn ihr diesen König gefunden habt", sagte Herodes, „lasst mich wissen, wo er ist, damit ich ihn auch verehren kann." Doch König Herodes wollte dem neugeborenen König in Wirklichkeit keine Ehre erweisen. Herodes wollte ihn töten! Er wollte nicht, dass ein anderer König die Macht in seinem Reich übernahm.

Die weisen Männer folgten weiterhin dem Stern, bis sie endlich Jesus fanden. Sie brachten ihm ihre Geschenke, verbeugten sich vor ihm und ehrten ihn. Dann gingen sie auf einem anderen Weg nach Hause, denn Gott hatte sie im Traum davor gewarnt, wieder zu Herodes zurückzukehren.

Es ist schwer, die eigene Heimat zu verlassen und an einem Ort zu leben, an dem alles anders ist. Doch manchmal müssen Menschen aufgrund von Gefahr, Krieg oder Hungersnot aus ihrem Heimatland fliehen. Man nennt sie Flüchtlinge.

Josef, Maria und Jesus sind in Ägypten Flüchtlinge gewesen.

Flucht nach Ägypten!

Nach **MATTHÄUS 2**

„Steh auf, Josef! Los, steh auf! Sofort!"
Was? Wer weckt mich mitten in der Nacht?, dachte ein verschlafener Josef. „Josef, du und Maria, ihr müsst Jesus nach Ägypten bringen. Ihr müsst fliehen, weil Herodes eurem Kind etwas antun will. Also beeilt euch! Macht euch sofort auf den Weg! Und kehrt nicht nach Israel zurück, bis ich euch sage, dass es sicher ist." Ein Engel brachte Josef diese wichtige Botschaft.

Jetzt war Josef hellwach und wusste, dass er sich in Bewegung setzen musste. Er weckte Maria und sie wickelte Jesus für die Reise durch die kalte Nacht warm ein. Dann machte sich die kleine Familie auf den Weg nach Ägypten.

König Herodes war sehr wütend und besorgt, seitdem die weisen Männer nach Jerusalem gekommen waren und nach dem neuen König gefragt hatten. Herodes wollte nicht, dass jemand die Herrschaft in seinem Königreich übernahm! So ließ der böse König in Bethlehem und der Umgebung alle kleinen Jungen, die bis zu zwei Jahre alt waren, töten. Das war eine sehr traurige Zeit.

Maria, Josef und Jesus kamen sicher in Ägypten an und blieben dort, bis Josef erneut von einem Engel besucht wurde. „König Herodes ist tot", berichtete der Engel. „Ihr könnt jetzt gefahrlos nach Israel zurückkehren."

Maria und Josef waren froh, dass sie in ihr eigenes Land zurückkehren konnten, aber sie zogen nicht wieder nach Betlehem. Sie gingen nach Nazaret. Dort hatten sie vor der Geburt von Jesus gelebt. Sie waren glücklich, endlich zu Hause zu sein.

Hscheran

Im Krieg in Syrien und im Irak sind sehr viele Menschen auf der Flucht. Ein großer Teil sind Kinder. Einige von ihnen wurden auf der Flucht geboren. Ein solches Kind habe ich mit seiner Mutter getroffen.

Im Norden des Iraks ist es im Winter sehr kalt. Es gibt viele Berge, es liegt Schnee und zahlreiche Häuser sind nicht fertig gebaut, weil die Baumaterialien fehlen. In diesen Häusern wohnen die geflohenen Familien, wie die von Akile. Akile ist Mutter von drei Kindern und musste aus ihrem Heimatort weglaufen. Eine äußerst böse Gruppe von Menschen hat sie und ihre Familie vertrieben, weil sie angeblich nicht den richtigen Glauben hat und nicht zum richtigen Volk gehört. Nun ist sie mit ihren Kindern endlich in Sicherheit. *World Vision* versorgt die Familien mit Öfen und Decken gegen die Kälte.

Akiles drittes Kind ist einen Tag nach der Ankunft in der neuen Gegend geboren. Es ist ein süßes kleines Mädchen und ich freue mich, als ich es kennenlerne. Ich frage Akile, wie ihre Tochter heißt. Akile gehört zum Volk der Kurden und hat daher einen Namen in ihrer Sprache gewählt. Ihre Tochter heißt Hscheran, was auf Deutsch so viel wie Flüchtling bedeutet. Das macht mich traurig. Eine Mutter nennt ihre Tochter „Flüchtling", weil sie auf der Flucht geboren wurde. Zugleich fällt mir Akiles Dankbarkeit auf. Durch die Hilfe von *World Vision* hat sie jetzt Essen für sich und ihre Familie und sie leben in Frieden. Akile hat neue Hoffnung, dass es ihr hier besser gehen wird. Sie hofft auch, dass ihre jüngste Tochter nicht ihr ganzes Leben lang ein Flüchtling sein muss, sondern ein Zuhause findet und später in die Schule gehen kann.

Christoph Waffenschmidt (Vorstandsvorsitzender World Vision Deutschland e. V.)

★ Der Irak gilt als Wiege der Menschheit, hier finden sich Spuren der ältesten Zivilisationen der Welt. Die Bibel sagt, dass die Flüsse Euphrat und Tigris, die den Irak fruchtbar machen, aus dem Paradies entspringen.

★ Die Stadt Babylon, wo laut der Bibel Gott die Sprachen der Menschen verwirrte, nachdem sie einen Turm bis in den Himmel bauen wollten, liegt im Irak.

★ Abraham, der Stammvater der Israeliten, kam aus dem Irak.

Hast du das gewusst?

Johannes der Täufer

Nach **MATTHÄUS 3**

Große, leckere Heuschrecken! Süßer, klebriger Honig! *Das schmeckt so gut,* dachte Johannes, als er sein Mittagessen verspeiste.

Johannes der Täufer war nicht wie andere Menschen. Er lebte in der Wüste. Seine Kleidung war aus Kamelhaar gemacht. Er aß Heuschrecken und Honig. Und er erzählte so vielen Menschen wie möglich, dass Jesus kommen würde!

Johannes redete vor großen Menschenmengen und sagte ihnen, dass sie aufhören sollten, schlechte Dinge zu tun. Stattdessen sollten sie Gott folgen. Wenn die Leute ihre Sünden bereuten und Gott gehorchen wollten, taufte Johannes sie im Jordan. Er erklärte ihnen, dass er sie mit Wasser taufte, dass aber jemand kommen würde, der sie mit dem Heiligen Geist taufen und ihnen zeigen würde, wie sie ein Leben zu Gottes Ehre führen könnten – Johannes sprach von Jesus!

Eines Tages kam Jesus selbst zum Jordan und bat Johannes, ihn zu taufen. Johannes konnte es nicht glauben, dass Jesus – Gottes Sohn – von ihm getauft werden wollte!

So traten Jesus und Johannes ins Wasser und Johannes taufte ihn. Als Jesus wieder aus dem Wasser auftauchte, öffnete sich der Himmel und der Geist Gottes kam in Form einer Taube herab.

Vom Himmel her sprach Gottes Stimme: „Das ist mein teurer Sohn, den ich liebe und über den ich mich sehr freue."

Johannes wusste, dass Jesus Gottes Sohn war. Und er wusste, dass es seine Aufgabe war, die Menschen auf die Begegnung mit Jesus vorzubereiten.

Die gute Nachricht weitergeben

Roth Ourng war nervös. Warum waren diese Besucher in sein kleines Dorf in Kambodscha gekommen? Er hatte beobachtet, wie sie ein Krankenhaus errichteten und gemeinsam mit den Bauern auf den Feldern arbeiteten. Aber warum taten sie das?

Endlich hatte Roth den Mut, sie zu fragen. Die Besucher erklärten: „Wir sind Anhänger von Jesus Christus und er will, dass wir unsere Nächsten lieben."

„Wer ist dieser Jesus?", wollte Roth wissen. Die Besucher gaben Roth eine Bibel in seiner eigenen Sprache und brachten ihn zum kambodschanischen Pfarrer eines anderen Dorfes. Der Pfarrer erklärte, dass Gott Roth liebte – so sehr, dass er Jesus auf die Erde herabgeschickt hatte, um für Roths Sünden zu sterben. Außerdem, so erzählte der Pfarrer, wollte Gott Roth in seine Familie aufnehmen.

Roth war sehr aufgeregt und bat Jesus sofort darum, sein Retter zu werden. Und diese gute Nachricht behielt Roth nicht für sich. Er erzählte all seinen Freunden von Jesus! Jetzt ist er Pfarrer und gibt seinem ganzen Dorf Gottes Liebe weiter. Jede Woche beten über achtzig kambodschanische Christen gemeinsam zu Gott.

So wie Gott Johannes den Täufer gebrauchte, um die Menschen auf Jesus vorzubereiten, so gebrauchte Gott die christlichen Besucher in Roths Dorf, um ihm etwas über Jesus mitzuteilen. Und später teilte Roth das, was er über Jesus gelernt hatte, mit anderen.

Pfarrer Roth ist ein fröhlicher Diener Gottes.

★ Die kambodschanische Flagge ist die einzige Flagge weltweit, auf der ein Gebäude abgebildet ist.

★ Reis ist in Kambodscha sehr beliebt. Er wird gedünstet, gebraten oder zu Nudeln verarbeitet. Er wird sogar mit Früchten zum Nachtisch serviert.

★ Jeden November feiern die Kambodschaner Bon Om Touk, das kambodschanische Wasserfest, mit Ruderrennen auf dem Fluss Mekong.

Hast du das gewusst?

Jesus wählt zwölf Jünger

Nach MATTHÄUS 4; MARKUS 2 UND LUKAS 6

Warst du schon einmal angeln?

Petrus und Andreas, die Freunde von Jesus, waren Fischer. Jeden Tag fuhren sie mit ihrem Boot hinaus und warfen ihre Netze auf dem See Genezareth aus, um Fische zu fangen.

Fischen war der Beruf der beiden Männer, aber Jesus hatte ihnen etwas Besseres anzubieten. „Petrus! Andreas!", rief er ihnen zu. „Kommt und folgt mir, ich werde euch zu Menschenfischern machen."

Die Menschen, die Jesus als seine Gehilfen auswählte, waren ganz gewöhnliche Menschen. Sie waren keine Religionsführer oder Lehrer. Gott gebraucht Menschen aller Art, um sein Werk zu vollbringen.

Die Menschen, die Jesus als seine Gehilfen auswählte, waren ganz gewöhnliche Menschen. Sie waren keine Religionsführer oder Lehrer. Gott gebraucht Menschen aller Art, um sein Werk zu vollbringen.

Beide Männer ließen auf der Stelle ihre Fischernetze fallen und gingen mit Jesus mit.

Zwei andere Fischer, Jakobus und Johannes, saßen in einem Boot und halfen ihrem Vater, die Fischernetze zu flicken. Da rief Jesus ihre Namen. Genau wie Petrus und Andreas verließen sie sofort ihr Boot und folgten Jesus. Nun folgten bereits vier Fischer Jesus.

Jesus rief noch acht weitere Männer dazu auf, ihm zu folgen. Ihre Namen waren Matthäus, Philippus, Bartolomäus, Tomas, Jakobus, Simon, Taddäus und Judas Iskariot.

Fischer, Steuereintreiber und einfache Männer gingen ihren gewöhnlichen Berufen nach, bis Jesus sie beim Namen rief. Als er das tat, wussten sie, dass es in ihrem Leben nichts Wichtigeres geben konnte, als Jesus zu folgen. Als Jesus diese Männern rief, ließen sie alles stehen und liegen und folgten ihm.

Ein ganz normaler Mensch

Nie im Leben hätte Donna geglaubt, dass Gott sie gebrauchen würde, um das Leben einer Familie im weit entfernten Äthiopien zu verbessern. Sie war eine amerikanische Großmutter, die gerne den Missionaren zuhörte, wenn sie von ihrer Arbeit erzählten. Aber sie waren etwas Besonderes, von Gott ausgewählt, um die Liebe Jesu mit Menschen aus aller Welt zu teilen. *Mich kann Gott nicht gebrauchen,* dachte Donna, *denn ich bin nur eine gewöhnliche Frau.* Aber Gott überraschte Donna. Sie wurde zur Missionarin, ohne ihre Heimat zu verlassen!

Eines Tages erfuhr Donna durch *World Vision,* dass sie einem Kind namens Sanyat helfen konnte. Seine Mutter Wosene war sehr arm. Sanyats Familie war hungrig, sie hatten kein sauberes Wasser und kein sicheres Zuhause. Aber durch Donnas Freundlichkeit und Großzügigkeit konnte die Familie ein neues Haus bauen und Zugang zu frischem Wasser und Essen genug für jeden bekommen. Aber Donna spendete nicht nur Geld, um der Familie zu helfen. Sie schickte auch Briefe – eine ganze Menge sogar –, mit denen sie Wosene und ihre Kinder ermutigte. Sie erzählte ihnen, dass sie für Gott etwas Besonderes sind und dass er sie sehr liebt. Wosene bewahrte jeden einzelnen Brief auf, den Donna ihr schrieb, denn diese Briefe veränderten ihr Leben.

„Jetzt", sagt Wosene, „haben wir eine Hoffnung und eine Zukunft. Der Grund dafür ist das, was Jesus durch *World Vision* und durch Donnas Liebe zu meiner Familie getan hat."

Gott gebrauchte eine gewöhnliche Frau, um einer Familie auf der anderen Seite der Welt zu helfen – und er kann uns auch dazu gebrauchen!

* Äthiopien ist das Ursprungsland des Kaffees.

* Der äthiopische Kalender hat 13 Monate.

* In Äthiopien haben Eltern und Kinder nicht den gleichen Nachnamen. Die Kinder nutzen den Vornamen des Vaters als Nachnamen.

Hast du das gewusst?

Donna schickte Briefe voller Liebe an Wosenes Familie, bevor sie die Möglichkeit hatten, sich zu treffen.

Verlorenes Schaf, verlorene Münzen und verlorene Menschen

Nach **LUKAS 15**

Warum verbringt Jesus so viel Zeit mit den Steuereintreibern?", murmelten die religiösen Oberhäupter. „Sie betrügen die Menschen. Sie sind nicht aufrichtig. Wenn Jesus will, dass die Menschen seiner Lehre über Gott glauben, warum gibt er sich dann mit Menschen ab, die schlimme Dinge tun? Warum verbringt er seine Zeit nicht mit besseren Menschen – Menschen wie uns?"

Damit die religiösen Oberhäupter verstanden, warum er seine Zeit mit Menschen verbrachte, die schlimme Dinge taten, erzählte Jesus ihnen einige Geschichten. „Was würdet ihr tun, wenn ihr ein Hirte wärt und hundert Schafe

besitzen würdet, und dann würde eines eurer Schafe verschwinden? Würdet ihr die neunundneunzig Schafe allein lassen, um nach dem verlorenen Schaf zu suchen? Das würde ein wahrer Hirte tun, denn er sorgt sich um jedes einzelne Schaf. Und wenn der Hirte das eine verlorene Schaf wiederfindet, ruft er all seine Freunde zusammen, um mit ihnen zu feiern!"

Jesus erzählte auch diese Geschichte: „Stellt euch vor, eine Frau hätte zehn Silbermünzen und würde eine von ihnen verlieren. Sie hat immer noch neun Münzen, aber auch die zehnte Münze ist wichtig. Also sucht sie überall nach ihr. Sie zündet alle Lampen an, fegt den Boden und sucht so lange, bis sie die Münze gefunden hat. Und wenn sie die Münze gefunden hat, ruft sie alle Freunde zu sich und bittet sie, mit ihr zu feiern."

Dann sagte Jesus: „Die Hirten und die Frau feierten, als sie fanden, was sie gesucht hatten. Wenn ich jemanden finde, zum Beispiel einen unehrlichen Steuereintreiber, der entdeckt, dass er verloren ist, und sich nun entscheidet, mir zu folgen, freuen sich die Engel im Himmel. Jedes Mal, wenn ein Mensch aufhört zu sündigen und sich zu Gott hinwendet, jubelt auch Gott."

Jeder Mensch auf dieser Welt ist wichtig für Jesus. Wenn eine Person sich entscheidet, ihm zu folgen, feiert er ein Freudenfest.

Venda

Venda lebt in den südindischen Bergen. In ihre schwarzen, wippenden Zöpfe hat sie rote Bänder eingeflochten, die gut zu ihrer Schuluniform passen. Die Klasse singt und Venda singt laut mit. Die kleinen Glocken an ihrem Fußkettchen klingen bei jeder Bewegung. Ich lese ihren Lebenslauf. Venda ist ein Waisenkind. Ihre Großmutter kümmert sich um sie. Die beiden leben in einem kleinen Lehmhaus. Die Kinder singen: „Appa umire, amma umire. Wie ein Vater ist Gott, wie eine Mutter ist Gott." Die Schule bedeutet Zukunft, die Oma Zuhause, der Himmel Geborgenheit.

Ich lese weiter in dem offiziellen Dokument. Ihr Name bedeutet, so steht es da in blauer Tinte: „not want". Unerwünscht. Ich sehe ein fröhliches Mädchen. Ein hübsches Mädchen. Eine sehr gute Schülerin. Aber ihr Name sagt: Du bist nicht gewollt.

Die Lehrerin beginnt den Englischunterricht. Sie liest den weltberühmten 23. Psalm. Die ganze Klasse spricht im Chor mit: „The Lord is my shepherd." Der Herr ist mein Hirte. „I shall not want." Mit wird nichts mangeln. „Not want" – das habe ich doch gerade schon einmal gehört?!

Nach dem Unterricht lerne ich Venda kennen. „Weißt du, was dein Name bedeutet?" Ein Schatten liegt plötzlich auf ihrem Gesicht. Sie nickt stumm. Ich sage ihr: „Er bedeutet: ‚Dir wird nichts mangeln.'" Und ich zeige ihr die Bibelstelle und die Änderung in ihrem Lebenslauf. „Not want" ist durchgestrichen. Sie strahlt mich an. Ein paar Wochen später bekomme ich in Deutschland Post. Venda hat ein Bild gemalt. Eine Hirtin trägt stolz ein schwarzes Schaf in ihren Armen. Das Schaf lacht. Ein Pfeil sagt mir: Es heißt Venda.

Christina Brudereck
(Schriftstellerin)

Hast du das gewusst?

★ Das *Schachspiel* wurde in Indien erfunden.

★ In Indien gibt es die meisten *Postämter* weltweit.

★ Indiens hindisprachige Filmindustrie namens *Bollywood* ist der weltweit größte Produzent von Filmen.

Der verlorene Sohn

Nach **LUKAS 15**

„Ich möchte jetzt mein Geld haben!", verlangte der jüngste Sohn. „Ich möchte fröhlich leben und mich mit Freunden treffen. Ich will keine Regeln! Also gib mir alles, was ich nach deinem Tod bekommen würde. Ich will es jetzt schon haben!"

Mit gebrochenem Herzen gab der Vater seinem Sohn das Geld und der Junge verließ sein Zuhause. Er ging sehr weit weg und verschwendete alles. Als sein Geld zur Neige ging, machten sich seine Freunde aus dem Staub. Er musste eine Arbeit annehmen, bei der er Schweine fütterte – er war so hungrig, dass sogar das Futter der Schweine verlockend aussah.

Doch schließlich merkte er, dass er so nicht leben musste. „Zu Hause bei meinem Vater bekommen die Arbeiter genug zu essen, und ich verhungere hier. Ich werde nach Hause gehen. Ich werde meinem Vater sagen, dass ich weiß, dass ich gesündigt habe. Ich bin es nicht wert, als sein Sohn behandelt zu werden, aber vielleicht lässt er mich für sich arbeiten."

Der Junge war noch weit von seinem Zuhause entfernt, als sein Vater ihn bereits erblickte. Der Vater war sehr glücklich. Er rannte dem Sohn entgegen und umarmte ihn fest! „Vater", sagte der Junge, „ich habe gegen dich gesündigt. Ich bin es nicht wert, dass du mich wie einen Sohn behandelst. Es tut mir sehr leid."

Aber der Vater befahl bereits seinen Dienern, dass sie Essen für ein Fest vorbereiteten. „Mein Sohn ist wieder daheim. Er war verloren, aber ich habe ihn wiedergefunden. Lasst uns feiern!"

Jesus erzählte diese Geschichte, um den Menschen zu zeigen, wie Gott reagiert, wenn wir um die Vergebung unserer Sünden bitten. Wie ein Vater, der darauf wartet, dass sein rebellisches Kind zurückkehrt, will Gott, dass wir zu ihm zurückkehren. Und er heißt uns herzlich willkommen, wenn wir es tun.

Gott ist wie ein wunderbarer, liebender Vater, der uns zu Hause willkommen heißt, wenn wir zu ihm zurückkehren.

Die Liebe eines Vaters

Hast du schon mal darüber nachgedacht, was deine Eltern alles für dich tun? Weil sie dich lieben, wollen sie, dass du alles bekommst, was du brauchst, um glücklich und gesund aufzuwachsen: ein warmes Zuhause, genügend zu essen und Kleidung, die du tragen kannst. Sie möchten dir außerdem beibringen, was richtig und was falsch ist und wie du freundlich und liebevoll mit anderen umgehen kannst.

Aber manchmal sind keine Eltern da, um den Kindern zu geben, was sie brauchen. Als Johnny gerade sieben Jahre alt war, lebte er allein auf den Straßen einer kleinen Stadt in Bolivien. Seine Mutter war gestorben und er hatte keinen Ort, an den er gehen konnte. Es gab niemanden, der sich um ihn kümmerte. Also verbrachte er seine Zeit mit einigen größeren Jungen, die immer wieder in Schwierigkeiten gerieten. Schnell bekam auch Johnny Probleme. Und als Johnny älter wurde, wurde es noch schlimmer.

Eines Tages sagte ein Pfarrer zu Johnny, dass er sich ändern müsse. Er erzählte Johnny, dass Jesus ihn liebt und dass er in Johnnys Leben an erster Stelle stehen will. „Und dann", sagt Johnny, „nahm ich seinen Rat an. Seitdem bin ich nicht mehr derselbe wie vorher."

Der Vater in der Bibel war glücklich, als sein davongelaufener Sohn zu ihm zurückkehrte. Genau so freute sich Johnnys himmlischer Vater, als Johnny sein Leben änderte und zu ihm kam. Durch die Liebe seines himmlischen Vaters ist Johnny ein neuer, veränderter Mensch geworden.

Mit Gottes Hilfe wurde Johnny **zu einem glücklichen Familienvater.**

Hast du das gewusst?

★ Der *Uyuni-Salzsee* in Südwestbolivien ist die größte Salzwüste der Welt.

★ La Paz, die Hauptstadt Boliviens hoch oben in den Anden, ist die am höchsten gelegene Stadt der Welt.

Wir wissen nicht, wie der Junge hieß, der sein Essen teilte, aber wir können etwas Wichtiges von ihm lernen: Er gab Jesus, was er hatte, und sah dann zu, wie Jesus ein großes Wunder vollbrachte. Du weißt nie, was Gott mit deinen Gaben vollbringen kann!

Jesus gibt 5000 Menschen zu essen

Nach MATTHÄUS 14; MARKUS 6; LUKAS 9 UND JOHANNES 6

Sieh dir all diese Menschen an! Es sind Tausende", sagte einer der Jünger. Die Nachricht von den unglaublichen Wundern, die Jesus tat, und von seiner guten Lehre hatte sich weit verbreitet. Nun folgten ihm die Menschenmassen überallhin. So wie meistens hatte Jesus an diesem Nachmittag Kranke geheilt und dann angefangen zu lehren. Die Menschen hörten ihm lange zu.

Bald wäre es Zeit für das Abendessen. Die Jünger gingen zu Jesus. „Herr, es ist schon spät. Schick die Menschen nach Hause, damit sie Essen kaufen können."

Sie waren überrascht, als Jesus sagte: „Ihr sollt ihnen etwas zu essen geben."

„Jemand müsste mehr als acht Monate lang arbeiten, damit er genug Geld hätte, um all diese Menschen zu versorgen!", bemerkte einer der Jünger.

„Ich werde mein Essen teilen", sagte ein kleiner Junge. „Ich habe nicht viel, nur fünf kleine Laibe Brot und zwei kleine Fische, aber du kannst sie haben."

Nachdem die Jünger dafür gesorgt hatten, dass sich alle setzten, nahm Jesus das Brot und die Fische des Jungen und dankte Gott dafür. Dann zerbrach er das Essen in kleine Stücke und reichte sie an seine Jünger, damit sie die Stücke an die Menschen verteilten. Mit nur fünf kleinen Laiben Brot und zwei kleinen Fischen machte Jesus mehr als fünftausend Menschen satt – und es blieb sogar noch etwas übrig!

Sie teilten, was sie hatten

Kannst du dir vorstellen, in einem Haus zu leben, das keine Tür, keinen Fußboden oder keine Fenster hat? Und nun stell dir vor, wie es in so einem Haus ist, wenn der Boden mit Schnee bedeckt ist!

So lebte das Ehepaar Rostas mit ihren fünf Kindern einen Winter lang in einem kleinen Dorf in der Nähe von Cluj in Rumänien.

Spender von *World Vision* schickten Geld, um ihnen zu helfen, damit sie das Notwendigste kaufen konnten. Im ersten Jahr nutzte die Familie das Geld der Spender, um eine Tür und Fenster zu kaufen. Im folgenden Jahr kauften sie einen Fußboden.

Als Herr und Frau Rostas auch im dritten Jahr Geld von den Spendern erhielten, beschlossen sie, das Geld anderen Kindern im Dorf zu geben, deren Familien ebenfalls arm waren. Jedes Kind wurde beschenkt, weil Herr und Frau Rostas das wenige, das sie hatten, mit anderen teilen wollten.

Als ihre christlichen Freunde das Geld an Herrn und Frau Rostas schickten, wussten sie nicht, dass sie damit so vielen Menschen helfen würden. Aber sie waren glücklich, als sie herausfanden, dass Gott ihre kleinen Gaben nutzte, um mehr Menschen zu helfen, als sie sich hätten träumen lassen. Diese Christen hatten ihren Besitz geteilt und Gott hatte ihr Geld zu einer Gabe verwandelt, die für alle reichte.

★ In Rumänien gibt es ungefähr 200 Burgen.

★ Der traditionelle Sport Rumäniens heißt Oină und ist vergleichbar mit Baseball.

★ Rumänien ist das einzige europäische Land, in dessen Wäldern noch Braunbären leben.

Hast du das gewusst?

Zerbrochene Fenster schützen die Kinder in Rumänien nicht sonderlich gut vor der Kälte.

Das Hochzeitsmahl

Nach **MATTHÄUS 22**

Kommt zum Fest! Der König erwartet euch!", rief der königliche Diener, während er von Tür zu Tür ging. Der König veranstaltete ein großes Festmahl, um die Hochzeit seines Sohnes zu feiern. Als das Essen vorbereitet und alles fertig war, schickte der König seine Diener aus, um die Gäste zu holen, die er eingeladen hatte.

Aber keiner der Gäste wollte kommen. Alle hatten Ausreden und beschlossen, nicht zum Fest zu gehen.

Als der König das hörte, sagte er zu seinen Dienern: „Sucht an den Straßenecken und ladet jeden ein, den ihr finden könnt."

Genau das taten die Diener. Es spielte keine Rolle, wer die Leute waren oder woher sie kamen, wie sie aussahen oder wie viel Geld sie besaßen. Der König hieß jeden willkommen, der am Mahl teilnehmen wollte. Schnell war der Festsaal voll mit Menschen, die sich darüber freuten, mit dem König feiern zu dürfen – und die Leute, die zuerst eingeladen waren, hätten sich sehr darüber gewundert, wer alles anwesend war!

Gott lädt jeden ein, Teil seiner Familie zu sein, auch Leute, bei denen du das nicht erwarten würdest.

Ein überraschendes Willkommen

Es gibt gewisse Arbeiten, die ein Kind niemals tun sollte, und eine davon ist, Soldat zu sein. An einigen Orten dieser Welt gibt es jedoch Armeen, die nur aus Kindern bestehen, meistens aus kleinen Jungen. Einer dieser Orte war Norduganda. Dort wuchsen Michael und Joseph auf.

Eines Tages, als Michael und Joseph gerade mit einigen Freunden draußen spielten, kamen erwachsene Soldaten und zwangen die Jungen, in die Armee einzutreten. Die Kinder wollten das nicht, aber sie hatten keine Wahl. Michael und Joseph waren über viele Dinge, die sie in der Armee tun mussten, sehr traurig, und sie flohen, sobald sie konnten. Sie kamen zum *World Vision*-Zentrum für Kriegskinder. Dort halfen christliche Freunde bereits anderen Kindern, die auch aus der Armee geflohen waren.

Als Michael und Joseph ankamen, hatten sie große Angst. Was würde geschehen, wenn die Menschen herausfanden, dass sie in der Armee gewesen waren? Würden sie wütend sein? Würden sie die Jungen bestrafen? Stell dir vor, wie überrascht Michael und Joseph waren, als eine große Menge von Menschen auf sie zugelaufen kam, um sie zu begrüßen.

Anstatt auf die Jungen wütend zu sein, lachten und sangen die christlichen Freunde und baten die beiden herein. Dann brachten sie Michael und Joseph in die Kirche. Dort sangen sie weiter und dankten Gott, dass er die beiden Jungen sicher nach Hause gebracht hatte. Die Jungen erfuhren, dass nichts, was sie getan hatten, Gott davon abhalten würde, sie zu lieben. Und sie erkannten, dass Gott jeden in seine Familie aufnimmt.

Gott liebt alle Kinder und kümmert sich um sie. Er möchte, dass alle von ihnen – auch *du* – ihn kennen und lieben. So wie der König, der jeden zu seinem Hochzeitsmahl einlud, lädt Gott alle ein, Teil seiner Familie zu werden. Hast du Gottes Einladung angenommen?

Im Zentrum für Kriegskinder lernen die Jungen wieder zu spielen.

★ Das Nationalsymbol Ugandas ist ein großer Vogel namens Kranich.

★ Ein Drittel aller Menschen in Uganda besitzt ein Handy.

★ Matooke, ein Gericht aus Kochbananen, ist das Lieblingsgericht vieler Menschen in Uganda.

Hast du das
gewusst?

Im Gottesdienst spürten Michael und Joseph Gottes Liebe und Gnade zum ersten Mal.

Wenn Gott dich bittet, etwas zu tun, musst du keine Angst haben. Er wird dir helfen und dich beschützen. Er ist immer bei dir – und niemand ist stärker als er!

Übers Wasser laufen!

Nach **MATTHÄUS 14**

Es war eine windige Nacht draußen auf dem Meer. Große Wellen krachten gegen das kleine Boot, in dem sich die Jünger befanden!

„Schneller! Rudert schneller!" Die Jünger bemühten sich, das Ufer zu erreichen. Sie fürchteten, dass der starke Wind und das stürmische Meer das Boot zum Kentern bringen würden, und dann würden sie alle ertrinken.

Als wäre der Sturm nicht schon Furcht einflößend genug, glaubten die Jünger plötzlich auch noch ein Gespenst zu sehen. Jemand oder etwas ging auf dem Wasser und die Jünger hatten schreckliche Angst.

„Habt keine Angst! Ich bin es!", rief der Mann auf dem Wasser. Die Jünger kannten diese Stimme. Es war Jesus!

„Herr, wenn du es wirklich bist", rief Petrus zurück, „dann ruf mich zu dir!"

„Komm!", antwortete Jesus. Petrus sprang aus dem Boot und ging über das Wasser auf Jesus zu. Aber als Petrus darüber nachdachte, was er gerade tat, wandte er seine Augen von Jesus ab, schaute auf das Wasser, das gegen seine Knie schwappte … und begann zu sinken!

„Herr, rette mich!", schrie Petrus. Sofort streckte Jesus seinen Arm aus und griff nach ihm.

„Warum hast du gezweifelt?", fragte er Petrus, als sie ins Boot kletterten.

Als sie wieder im Boot waren, legte sich der Wind. Die Jünger sagten: „Dieser Mann ist wirklich Gottes Sohn." Und sie priesen Jesus.

Hope

Ich möchte euch von einem zwölfjährigen Mädchen erzählen. Es heißt Hope. Hope ist Englisch und heißt übersetzt: Hoffnung. Ein schöner Name, nicht wahr? Doch die Kindheit von Hope war alles andere als schön. Sie stammt aus Uganda in Afrika, aus einer sehr armen Gegend. Irgendwann überfielen Soldaten ihr Dorf und verschleppten die kleine Hope. Sie wurde gezwungen, als Kindersoldatin zu kämpfen. In ihrem jungen Alter hat sie unvorstellbar schlimme Dinge erleben müssen. Angst und Hoffnungslosigkeit waren ihre ständigen Begleiter. Irgendwann gelang ihr die Flucht, doch kann man mit solchen Erlebnissen noch einmal glücklich werden im Leben?

In der biblischen Geschichte aus Matthäus 14 geht es auch um Menschen, die in einer lebensbedrohlichen Situation feststecken. Sie drohen unterzugehen und zu sinken. Es scheint keine Hoffnung mehr zu geben. Doch dann kommt, völlig unerwartet, Jesus auf dem Meer zu ihnen und spricht ihnen Hoffnung zu! Mitten in dieser hoffnungslosen Situation kommt Jesus und sagt: „Hab keine Angst! Fürchte dich nicht! Ich bin bei dir! Ich bin da! Ich werde dich retten!" Jesus nimmt die Angst weg und schenkt Hoffnung dafür. Das ist seine Lieblingsaufgabe.

So war es auch bei Hope, dem kleinen Mädchen aus Uganda. Hope begegnete kurz nach ihrer Flucht den Mitarbeitern und Mitarbeiterinnen von *World Vision*. Sie konnte in einem *World Vision*-Zentrum für ehemalige Kindersoldaten einen neuen Anfang machen. Heute lebt sie mit ihrer kleinen Tochter Maria in Uganda. Hope hat wieder Hoffnung, weil ihre Angst gewichen ist. Ja, manchmal hüpft und springt sie wieder durchs Leben. Sie freut sich darüber, dass Jesus an ihrer Seite steht und ihr sagt: „Hab keine Angst. Ich bin bei dir und rette dich!"

Torsten Hebel (Gründer und Leiter der Kinder- und Jugendarbeit blu:boks BERLIN)

Kinder in Uganda helfen bei der Feldarbeit.

- Von den weltweit 786 verbliebenen Berg-gorillas lebt ungefähr die Hälfte in Uganda.

- Fahrrad- und Motorrad-taxis werden Bodabodas genannt.

- Aufgrund seiner Naturschönheit ist Uganda auch als Perle Afrikas bekannt.

Hast du das gewusst?

Der barmherzige Samariter

Nach **LUKAS 10**

„Jesus, Gottes Wort sagt, dass ich meinen Nächsten lieben soll, aber wer ist mein Nächster?", fragte ein Mann. Jesus antwortete, indem er eine Geschichte erzählte:

Auf dieser gefährlichen Straße zu reisen, macht mich nervös, dachte der Mann. *Aber so weit, so gut.* Doch genau da griffen ihn Räuber an, schlugen ihn, raubten alles, was er besaß, und ließen ihn halb tot auf der Straße liegen.

Ein Priester kam an dem Mann vorbei, aber als er den Verwundeten sah, wechselte er die Straßenseite und ging weiter.

Dann kam ein Tempeldiener die Straße entlang. „O weh", sagte er. „Dir scheint es nicht gut zu gehen, aber ich muss zu einer wichtigen Versammlung. Keine Zeit, keine Zeit." Er stieg über den Verletzten hinweg und eilte weiter.

Später stieß ein anderer Mann auf den schwer verwundeten Reisenden. Er war ein Samariter. Anders als die ersten zwei Männer hielt der Samariter an. Er war freundlich. Er säuberte und verband die Wunden des Mannes. Er setzte ihn auf seinen Esel, brachte ihn in ein Gasthaus und bezahlte den Gastwirt, damit er sich um ihn kümmerte.

Jesus erzählte diese Geschichte, um zu zeigen, dass wir gütig sein und *jedem* helfen sollen, der Hilfe braucht, nicht nur den Menschen, die uns nahe sind.

Jeder, der Hilfe braucht, ist dein Nächster, und du kannst die Liebe Jesu zeigen, indem du dieser Person hilfst.

Dem Nächsten helfen

Was würdest du tun, wenn du ein verletztes Kind auf dem Spielplatz sehen würdest, aber niemand da wäre, um zu helfen? Würdest du anhalten, um nachzusehen, ob du helfen kannst? Würdest du nach einem Erwachsenen suchen, der helfen könnte?

Als der barmherzige Samariter einen verwundeten Reisenden am Straßenrand liegen sah, nahm er sich Zeit, um dem Verletzten zu helfen. In Ufamando in der Demokratischen Republik Kongo (DRK) fand eine Frau namens Mama Masika ein verletztes Kind in den Büschen. Auch sie hielt an, um zu helfen. In der Demokratischen Republik Kongo herrscht schon viele Jahre lang Krieg, und viele Kinder haben durch die Kämpfe ihre Eltern verloren. Eines dieser Kinder ist Espoir. Sein Name bedeutet „Hoffnung", doch sein Leben begann nicht sehr hoffnungsvoll.

Eines Tages, als die Kämpfe in ihrer Stadt zu Ende waren, ging Mama Masika durch das Gebüsch, um nach Menschen Ausschau zu halten, die Hilfe brauchten. Da hörte sie ein Baby weinen. Sie fand den kleinen Espoir. Er war sehr krank. Mama Masika rief ein Fahrradtaxi, das Espoir und sie zum mehr als hundertvierzig Kilometer weit entfernten Minova-Krankenhaus transportieren sollte.

Neben Espoir hat Mama Masika jetzt sieben weitere Kinder, um die sie sich kümmert. Sie alle haben ihre Eltern im Krieg verloren. Und Mama Masika ermutigt andere dazu, ebenfalls Kinder aufzunehmen. Sie leitet eine Gruppe von Frauen, die insgesamt vierzig Waisenkinder adoptiert haben. Sie und ihre Freundinnen sind barmherzige Samariter für ihre Nächsten, die Hilfe brauchen. Mama Masika gibt die Liebe von Jesus an sie weiter.

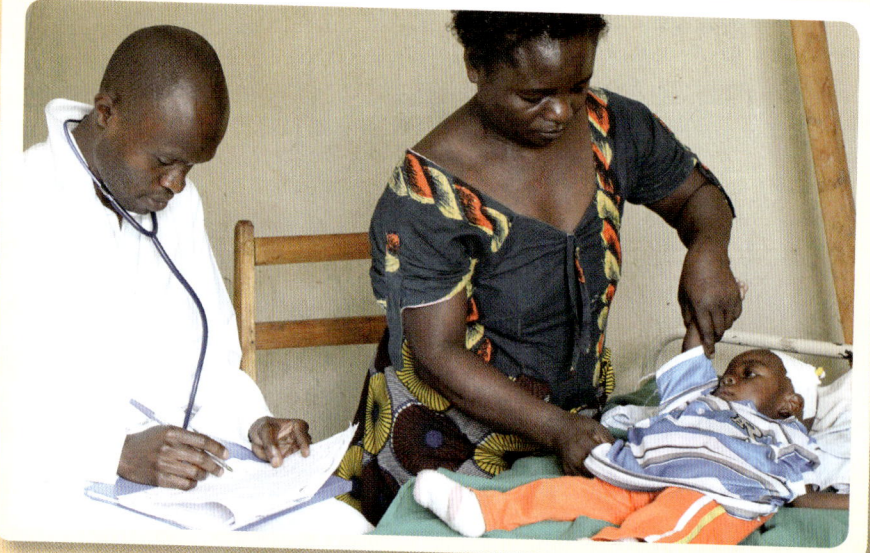

Mama Masika sorgt gut für die Kinder ihres Dorfes.

Hast du das gewusst?

★ **Natürliche Rohstoffe** wie Kupfer, Kobalt, Gold, Coltan, Zinn und Zink – sie werden bei der Herstellung von Handys und Computern verwendet – sind alle in der Demokratischen Republik Kongo zu finden.

★ 2002 brach der **Vulkan Nyiragongo** aus und ein Lavastrom von ca. 180 bis 1000 Metern Breite und bis zu ca. 2 Metern Tiefe floss durch Teile der Stadt Goma.

Jesus verbrachte seine Zeit auf der Erde damit, Gottes Werk zu vollbringen. Wenn wir anderen helfen, tragen wir auch zu Gottes Werk bei.

Jesus heilt einen Blindgeborenen

Nach **JOHANNES 9**

Ein blinder Mann saß bettelnd am Straßenrand. Ein Jünger drehte sich zu Jesus um und fragte: „Warum kam dieser Mann blind zur Welt? War es eine Bestrafung, weil er gesündigt hat oder weil seine Eltern gesündigt haben?"

„Keines von beidem", antwortete Jesus. „Dieser Mann ist blind, damit die Menschen sehen, wie Gottes Kraft in seinem Leben wirkt."

Jesus kniete nieder, spuckte auf den staubigen Boden und mischte etwas Lehm zusammen. Dann strich er den Lehm auf die Augen des blinden Mannes. „Nun geh und wasch dein Gesicht im Teich Schiloach", sagte Jesus zu dem Mann. Der Mann tat genau, was Jesus von ihm verlangt hatte, und als er den Lehm von seinem Gesicht wusch, konnte er sehen!

Die Menschen, die diesen Mann schon ihr Leben lang kannten, waren sehr verwundert. „Ist das derselbe Mann, der immer um Geld gebettelt hat?" Manche glaubten, dass er es war, andere sagten: „Nein. Es ist nur jemand, der ihm sehr ähnlich sieht."

„Nein. Ich bin wirklich derjenige, der immer gebettelt hat!", widersprach der Mann.

„Aber nun kannst du sehen?", fragten seine Bekannten.

„Ich weiß nicht, wie Jesus mich geheilt hat. Ich weiß nur, dass ich blind war und jetzt sehen kann."

Jesus heilt einen Gelähmten

Nach **MARKUS 2**

„Entschuldigung! Bitte! Entschuldigung, bitte lasst uns vorbei!"

Vier Männer wollten ihren Freund in das überfüllte Haus tragen, in dem Jesus war. Ihr Freund konnte nicht laufen, aber sie wussten, dass Jesus ihn heilen könnte, wenn sie nur nahe genug an ihn herankämen.

Da hatten die Freunde eine Idee. Sie kletterten auf das Hausdach und schnitten ein Loch hinein, genau über dem Raum, in dem Jesus lehrte. Dann ließen die Männer ihren gelähmten Freund langsam hinab, bis er genau vor Jesus ankam!

Jesus schaute hinauf zu den vier Freunden, die durch das Loch im Dach hinabsahen. Er erkannte ihren festen Glauben, dass er den Freund heilen könne. Da wandte sich Jesus dem gelähmten Mann zu und sagte: „Sohn, deine Sünden sind dir vergeben."

Das machte die religiösen Oberhäupter wütend! „Was glaubt er, wer er ist? Glaubt er wirklich, dass er die Macht hat, Sünden zu vergeben?", riefen sie.

„Was lässt sich leichter sagen: ‚Deine Sünden sind dir vergeben', oder: ‚Steh auf und geh'?", fragte Jesus. „Der Menschensohn hat die Macht, Sünden zu vergeben." Dann wandte er sich wieder dem gelähmten Mann zu und sagte: „Steh auf, nimm deine Matte und geh nach Hause."

Der Mann sprang auf, verließ das Haus und pries Gott!

Vier Männer trugen ihren gelähmten Freund zu Jesus und er wurde geheilt. Hast du einen Freund, den du zu Jesus bringen kannst? Gibt es jemanden, den du heute ermutigen oder dem du helfen kannst?

Füreinander da sein

So wie Mama Masika lebt auch eine andere junge Frau in der von Krieg erschütterten Demokratischen Republik Kongo (DRK). Eines Tages gab es einen schrecklichen Kampf in ihrem Dorf und sie wurde schwer verletzt. Kein Arzt war in der Nähe. Darum half ihre Schwester, sie zu einem Krankenhaus zu bringen. Doch das Krankenhaus war weit entfernt. Als sie endlich ankam, konnte der Arzt nicht mehr viel tun, um ihre Verletzungen zu heilen. Nun ist sie auf einen Rollstuhl angewiesen und kann nicht mehr alleine gehen.

Heute lebt sie mit christlichen Freunden zusammen, die sich um sie kümmern. Sie bringen ihr neue Dinge wie Kochen, Nähen und Korbflechten bei. Auch ihre Schwester lebt dort. Doch nicht weil sie medizinische Hilfe benötigt, sondern weil sie ihre Schwester ermutigen möchte. Jeden Tag erinnert sie ihre Schwester daran, wie sehr sie alle lieben und dass sie nicht alleine ist. So wie die vier Freunde für den gelähmten Mann da waren, bis sie ihn zu Jesus bringen konnten, so ist auch die Schwester für diese tapfere junge Frau da.

Hast du das gewusst?

★ Die Frauen in der Demokratischen Republik Kongo tragen lange Wickelkleider, die Pagnes genannt und aus ca. fünf Metern Stoff hergestellt werden.

★ Wenn Menschen in der DRK zusammen essen, essen alle Frauen aus einer Schüssel, die Männer jedoch gemeinsam aus einer anderen.

★ Französisch ist die offizielle Sprache der DRK.

Die Freunde dieser jungen Frau geben ihr die Unterstützung, die sie braucht.

Jesus heilt einen Leprakranken

Nach **MATTHÄUS 8**

Den ganzen Tag hatte Jesus den Menschen beigebracht, wie sie leben sollten, damit Gott Freude daran hätte. Als Jesus den Berg hinabstieg, auf dem er gelehrt hatte, folgte ihm eine große Menschenmenge. Dennoch ließ sich ein einzelner Mann von all den Menschen nicht abhalten, zu Jesus vorzudringen und vor ihm niederzuknien.

Die Wundstellen an seinem Körper verrieten, dass er sehr krank war. Er hatte eine schreckliche Hautkrankheit namens Lepra und sollte sich eigentlich von anderen Menschen fernhalten, um sie nicht anzustecken.

Jesus half Menschen, denen sonst niemand helfen wollte. Kennst du auch jemanden, der krank oder einsam ist oder vielleicht einen Freund braucht?

„Herr, wenn du willst", sagte der Mann, „kannst du mich gesund machen. Das weiß ich!" Jesus wusste, dass niemand in die Nähe eines Leprakranken kommen wollte. Aber weil er den kranken Mann liebte, streckte er seine Hand aus und berührte ihn sanft. Der Mann war schon lange nicht mehr berührt worden und die Berührung von Jesus erfreute sein Herz.

Da sagte Jesus: „Ich will dir helfen. Sei gesund."

Sofort war die Haut des Mannes von allen Wundstellen befreit. Er war geheilt und gesegnet – nicht nur, weil seine Haut jetzt gesund war, sondern auch durch die Liebe, die Jesus ihm erwiesen hatte.

Jesus hat seine Hand nach dem Leprakranken ausgestreckt. Genauso kannst du deine Hand ausstrecken, um anderen Bedürftigen zu helfen.

Helfen, wenn es sonst niemand tut

Maheshwari konnte sich nicht erinnern, wann jemand sie das letzte Mal berührt hatte. Jeder hatte zu viel Angst, krank zu werden, so krank wie Maheshwari. Sogar ihre Familie fürchtete sich davor, sich mit ihrer Krankheit anzustecken. Als Maheshwari ihre Familie fragte, ob sie wieder in ihr kleines Haus in Chennai in Indien zurückkehren dürfte, musste sie draußen auf der Terrasse hinter dem Haus schlafen. Einmal fiel sie von der Terrasse und schrie auf, aber ihre Mutter hatte solche Angst, dass sie ihr nicht beim Aufstehen helfen wollte. Das machte Maheshwari sehr traurig.

Es kam jedoch ein Helfer von *World Vision*, um nach ihr zu sehen. Er beugte sich sofort herab, um ihr zu helfen. Zu seiner Überraschung begann sie zu weinen, aber das lag nicht daran, dass sie krank war. Sie weinte Freudentränen, weil zum ersten Mal seit langer Zeit jemand so viel Mitgefühl mit ihr hatte, dass er sie berührte. Der christliche Freund half Maheshwari aufzustehen und brachte sie dann zu einem Arzt. Inzwischen geht es ihr viel besser. Sie ist sehr dankbar, dass sie wieder gesund ist. Deshalb kümmert sie sich jetzt um andere Frauen, die krank sind. Anderen zu helfen ist ihre Art, sich bei Jesus dafür zu bedanken, dass er sie geheilt hat.

Eine gesunde Maheshwari geht auf dem Markt einkaufen.

Hast du das gewusst?

★ In Indien befindet sich die höchste Brücke der Welt. Sie heißt Bailey-Brücke und steht in Ladakh im Himalaja, zwischen den Flüssen Dras und Suru.

★ Die meistgesprochene Sprache in Indien ist Hindi.

★ Kühe, Ziegen und sogar Elefanten laufen in den Städten neben den Autos her!

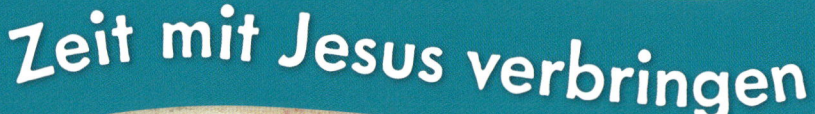

Zeit mit Jesus verbringen

Nach **LUKAS 10**

So viel zu tun!", grummelte Marta vor sich hin. Sie eilte durch die Küche, zerkleinerte, rührte und bereitete das Essen vor. Sie wollte, dass dieses Mahl für Jesus und seine Freunde perfekt war. Marta kochte und kochte und arbeitete und arbeitete. Es war nicht einfach, ein Abendessen für so viele Menschen zu machen. *Warum ist Maria nicht hier, um mir zu helfen?* Marta fand, dass ihre Schwester bei ihr in der Küche sein sollte. *Was tut sie nur?*

Marta konnte Jesus im Zimmer nebenan reden hören. Als sie um die Ecke spähte, sah sie, dass Maria vor Jesus saß und seinen Worten lauschte. Kochend vor Wut stampfte Marta zurück in die Küche und rührte verärgert in ihrem großen Topf voll Suppe.

Schließlich marschierte Marta in den anderen Raum: „Jesus, ist es dir egal, dass ich die ganze Arbeit alleine machen muss? Sag Maria, dass sie mir beim Abendessen helfen soll."

„Marta, Marta", seufzte Jesus. „Du machst dir über unwichtige Dinge Sorgen. Maria hat sich für das Wichtigste entschieden – bei mir zu sein."

Deine Zeit Jesus zu
schenken, ist das
Beste, was du machen
kannst. Er freut sich,
wenn seine Kinder
Zeit für ihn haben.

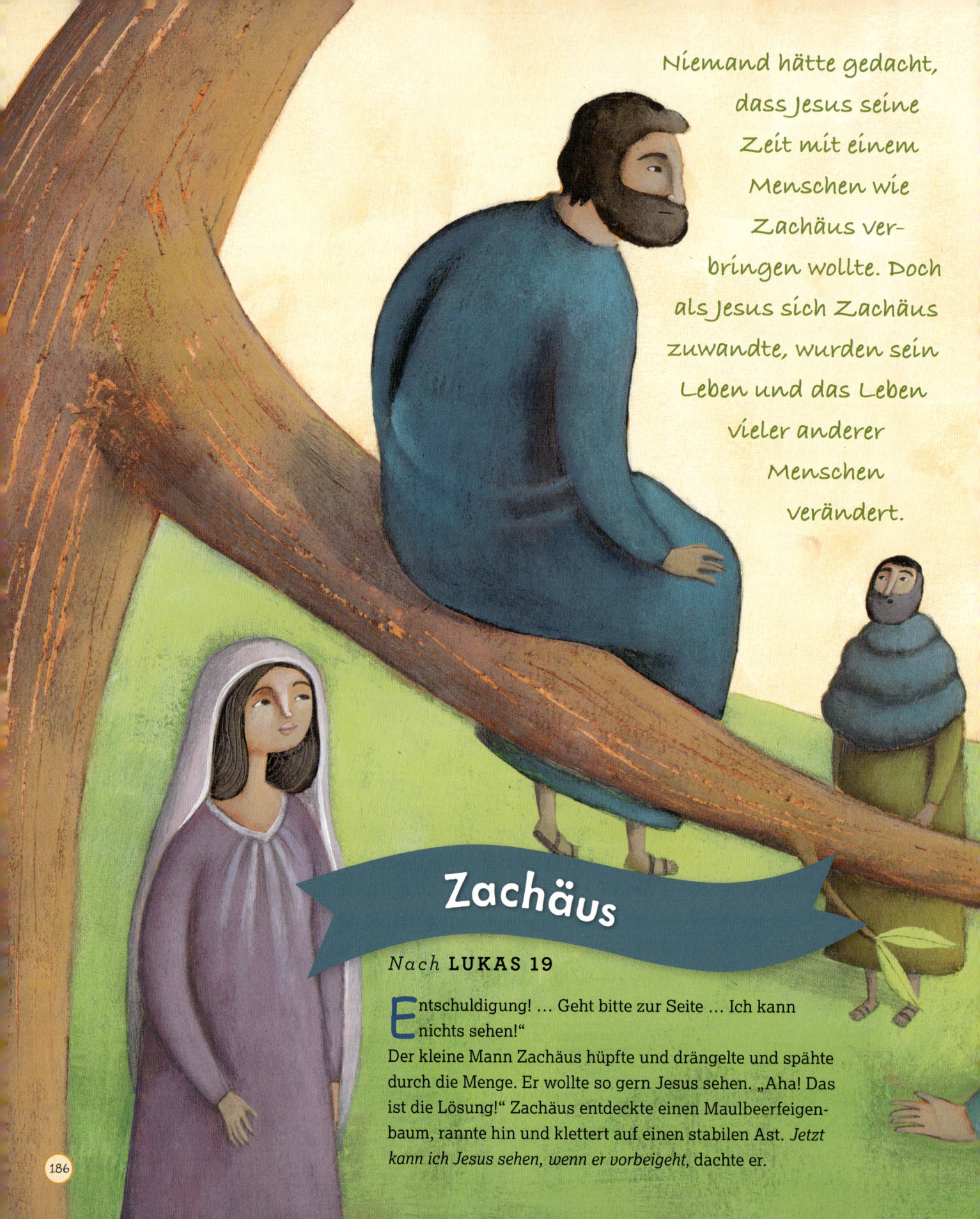

Niemand hätte gedacht, dass Jesus seine Zeit mit einem Menschen wie Zachäus verbringen wollte. Doch als Jesus sich Zachäus zuwandte, wurden sein Leben und das Leben vieler anderer Menschen verändert.

Zachäus

Nach **LUKAS 19**

Entschuldigung! … Geht bitte zur Seite … Ich kann nichts sehen!"
Der kleine Mann Zachäus hüpfte und drängelte und spähte durch die Menge. Er wollte so gern Jesus sehen. „Aha! Das ist die Lösung!" Zachäus entdeckte einen Maulbeerfeigenbaum, rannte hin und klettert auf einen stabilen Ast. *Jetzt kann ich Jesus sehen, wenn er vorbeigeht*, dachte er.

Zachäus war Steuereintreiber. Niemand mochte Steuereintreiber, weil sie zu viel Geld verlangten und andere Menschen betrogen.

„Dort ist er!", rief jemand. „Da ist Jesus!"

Zachäus sah auf die Straße hinab und in der Mitte der Menge stand der Lehrer namens Jesus.

Jesus trat vor den Maulbeerfeigenbaum, auf dem Zachäus saß, und blieb stehen. Er sah hinauf zu dem kleinen Steuereintreiber und sagte: „Zachäus, komm herunter. Ich werde dich heute in deinem Haus besuchen." Zachäus kletterte, so schnell er konnte, vom Baum herunter.

„Er will der Gast eines *Sünders* sein?", murmelten die Leute untereinander. Die religiösen Oberhäupter dachten, dass sie viel eher einen Besuch von Jesus verdienten als ein betrügerischer Steuereintreiber.

Aber Zachäus bereute die schlimmen Dinge, die er getan hatte. „Herr, ich will die Hälfte meines Besitzes den Armen geben. Und ich werde allen, die ich betrogen habe, das Vierfache von dem zurückzahlen, was ich ihnen schulde!"

„Erlösung ist heute in dieses Haus gekommen", sagte Jesus. „Ich bin hier, um Menschen wie dich zu finden, die Gott kennenlernen müssen."

Die Frau am Brunnen

Nach **JOHANNES 4**

Die Sonne brannte heiß vom Himmel herab, als die samaritanische Frau zum Brunnen stapfte. Mit müden Füßen und schmerzenden Armen trug sie die Eimer hinauf, die sie mit Wasser füllen wollte.

Als sie den ersten Eimer in den Brunnen tauchte, hörte sie eine warme und freundliche Stimme.

„Kann ich etwas zu trinken haben?"

Die Stimme des Mannes erschreckte sie. Erstens war es ungewöhnlich, dass ein Mann mitten am Tag am Brunnen saß. Zweitens bat damals zur Zeit der Bibel ein Mann keine Frau um Hilfe. Und drittens war Jesus ein Jude – und die Juden hassten die Samariter, weil sie nicht allen Gesetzen Gottes folgten.

„Warum solltest du mich um etwas zu trinken bitten?", fragte die überraschte Frau.

„Wenn du wüsstest, wer ich bin, würdest du mich um Wasser bitten", antwortete Jesus. „Menschen, die Wasser aus diesem Brunnen trinken, werden wieder durstig.

Wer aber von dem Wasser trinkt, das ich habe, wird nie wieder durstig sein."

Jesus liebt alle Menschen, auch die, mit denen andere nicht einmal reden würden – und er bietet uns allen lebendiges Wasser an.

Als die samaritanische Frau weiter mit Jesus sprach, merkte sie, dass sie noch nie mit jemandem wie ihm geredet hatte. Tatsächlich erkannte sie, dass sie dem Messias begegnet war. Darum rannte sie in die Stadt und erzählte allen von dieser überraschenden Unterhaltung und dem unglaublichen Mann.

Gebet um Wasser

Wenn du ein Glas Wasser trinkst, ein Bad nimmst oder deine Zähne putzt, denkst du je darüber nach, woher das Wasser kommt?

Rakia weiß genau, woher das Wasser für ihre Familie stammt. Jeden Tag geht sie frühmorgens zu einem schlammigen Teich außerhalb ihrer Stadt in Niger. Dort steht sie knietief im dreckigen Wasser, direkt neben den Tieren, die dorthin kommen, um zu trinken, zu baden und sich abzukühlen. Dann taucht Rakia ihren gelben Eimer in den Teich und füllt ihn mit Wasser, gerade genug, damit das Wasser für ihre Familie einen Tag lang reicht. Ihre zweijährige Schwester Faouzia ist sehr krank und ihre Mutter Zeinabou weiß, dass das dreckige Wasser der Grund dafür ist. Aber sie haben keine andere Wahl.

Im Gegensatz zu Zeinabous Familie hatte die samaritanische Frau, die Jesus am Brunnen traf, ausreichend Wasser zum Trinken. Was sie brauchte, war das lebendige Wasser, das man durch den Glauben an Jesus als Herrn und Retter bekommt. Zeinabou und ihre Töchter benötigen beides – sauberes und lebendiges Wasser. Und du kannst dabei helfen!

Wenn du ein kühles, sauberes Glas Wasser trinkst, dann kannst du für die Menschen in aller Welt beten, die nur Wasser voller Dreck, Ungeziefer und Krankheiten zur Verfügung haben. Wenn du ein Bad nimmst, kannst du für die Kinder beten, die sich ihr ganzes Leben lang nur in einem dreckigen Teich waschen können. Und wenn du für das Wasser betest, das sie brauchen, kannst du Gott darum bitten, ihnen auch das lebendige Wasser zu schenken, das nur Jesus geben kann.

Obwohl sie nicht genügend sauberes Wasser hat, versucht Zeinabou, so gut wie möglich für Faouzia und ihre Familie zu sorgen.

Hast du das
gewusst?

★ Die meisten **Erkrankungen** von Kindern auf der ganzen Welt stehen im Zusammenhang mit Wasser, Hygiene und sanitärer Versorgung.

★ Beinahe die Hälfte aller Einwohner Nigers hat kein **sauberes Wasser**.

Jesus liebt Kinder

Nach **MARKUS 10 UND LUKAS 18**

Sie kichern und lachen, springen und hüpfen. Und hat dieses Mädchen gerade ein Rad geschlagen?

Glückliche Mädchen und Jungen waren auf dem Weg zu Jesus! Eltern trugen Säuglinge in ihren Armen. Kleine Kinder hielten sich an den Händen ihrer Eltern fest. Einige saßen auf den Schultern ihres Vaters, während die Eltern sich durch die Menge drängten, um näher zu Jesus zu kommen. Alle Kinder waren sehr aufgeregt, Jesus zu sehen. Kinder lieben Jesus.

„Stopp! Stopp!", rief einer der Jünger und rannte den Familien entgegen. „Lasst den Lehrer in Ruhe!"

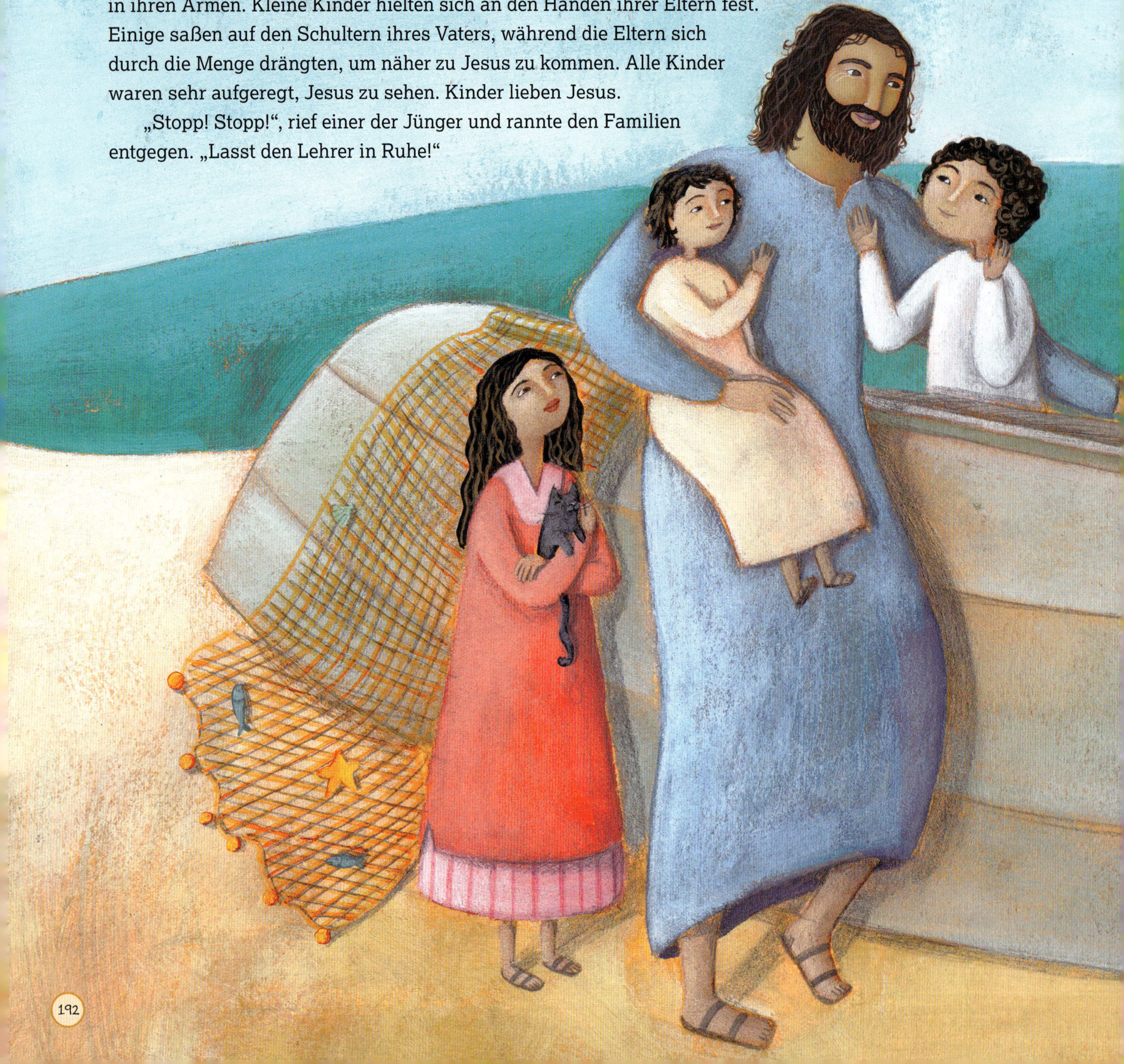

„Aber wir wollen Jesus sehen. Wir wollen, dass er unsere Kinder segnet", sagte ein Vater. „Jesus ist gerade beschäftigt. Ihr dürft ihn nicht stören", sagten die Jünger. „Er hat wichtige Aufgaben zu erledigen."

Aber als Jesus hörte, was der Jünger sagte, unterbrach er ihn. „Lass die kleinen Kinder zu mir kommen. Haltet sie nicht auf. Von ihnen könnt ihr Erwachsenen lernen, mich zu lieben und mir zu vertrauen. Nur wer wie ein Kind glaubt, wird mein Königreich betreten können."

Da traten die Jünger beiseite und sahen ihrem Lehrer zu. Jesus betrachtete jedes Kind mit freundlichem Blick und segnete alle Jungen und Mädchen, die gekommen waren, um ihn zu sehen.

Kinder sind wichtig für Jesus. Er liebt jedes einzelne Kind auf dieser Welt.

Von den Kindern lernen

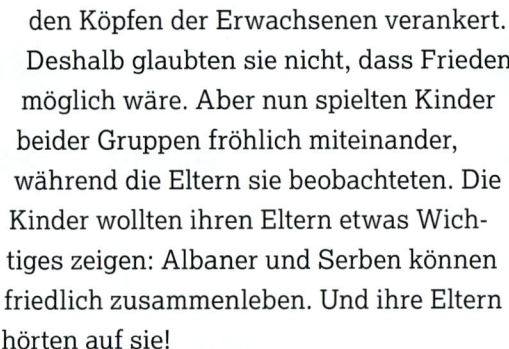

Kannst du das glauben? Die Kinder setzen sich zusammen! Unsere Leute haben so lange miteinander gekämpft, wie können unsere Kinder da friedlich zusammenarbeiten?

Solche Gedanken müssen den Eltern vieler albanischer und serbischer Kinder durch den Kopf gegangen sein, als sie sahen, wie ihre Kinder am *World Vision*-Projekt „Kinder für den Frieden" teilnahmen. Zehn Jahre, nachdem der Krieg geendet hatte, war es immer noch schwer, sich so eine Veranstaltung vorzustellen: Zweihundert serbische und albanische Kinder arbeiteten glücklich zusammen. Sie malten einen großen Regenbogen und verfassten eine Botschaft über den Frieden und die Liebe.

Die Eltern trauten ihren Augen kaum! Obwohl alle Kinder des Dorfes Rubvoc in Albanien das gleiche Schulgebäude besuchten, hatten die Erwachsenen die albanischen und serbischen Kinder in verschiedenen Klassenräumen untergebracht. Draußen trennte eine unsichtbare Linie den Spielplatz, sodass die serbischen und albanischen Kinder nicht miteinander sprachen oder spielten.

Einige schlimme Erfahrungen aus dem Krieg waren immer noch tief in den Köpfen der Erwachsenen verankert. Deshalb glaubten sie nicht, dass Frieden möglich wäre. Aber nun spielten Kinder beider Gruppen fröhlich miteinander, während die Eltern sie beobachteten. Die Kinder wollten ihren Eltern etwas Wichtiges zeigen: Albaner und Serben können friedlich zusammenleben. Und ihre Eltern hörten auf sie!

Als die Jünger versuchten, die Kinder von Jesus fernzuhalten, sagte er ihnen, dass Kinder wichtig sind. Er erinnerte sie daran, dass Erwachsene manchmal viel lernen können, wenn sie Kinder beobachten. In Rubvoc trifft das zu. Dort sind die Kinder ein gutes Beispiel für die Eltern, denn sie stehen zusammen in einer Gemeinschaft für den Frieden ein.

Hast du das gewusst?

★ Ein Drittel aller *Himbeeren*, die auf der Welt gegessen werden, stammt aus Serbien.

★ Wenn die Menschen in *Albanien* nicken, bedeutet das Nein. Wenn sie allerdings den Kopf schütteln, bedeutet das Ja.

In einem Kriegsgebiet zeigen *Kinder* den Weg zum Frieden.

Die Spende der Witwe

Nach **MARKUS 12**

E ntschuldigung."
„Oh, Verzeihung."
„Vorsicht! Ich muss mal vorbei!"

Im Tempel war es laut und geschäftig, aber der Frau gefiel das sehr. Während sie geduldig wartete, bis sie an der Reihe war, um ihre Spende abzugeben, dankte sie Gott für all seine Gaben. Man könnte vielleicht denken, dass sie wenig Grund zum Danken hatte, denn sie war eine Witwe. Ihr Ehemann war gestorben und hatte sie sehr arm zurückgelassen. Manchmal wusste sie nicht einmal, wie sie ihre nächste Mahlzeit bezahlen sollte. Und dennoch lobte sie Gott für alles, was er ihr gegeben hatte.

Das Geld klimperte laut, als die Menschen es in die Spendenbox warfen – und einige Menschen warfen viel Geld hinein!

Als sie an der Reihe war, warf die Witwe schweigend zwei Münzen ein. Zusammen waren sie nicht einmal so viel wert wie ein Cent. Dann neigte sie ihren Kopf und dankte Gott erneut dafür, dass er sich um sie kümmerte.

Von der anderen Seite des Raums beobachtete Jesus, wie die Witwe spendete. Er sah sie voller Liebe und Anerkennung an. Zu denen, die bei ihm waren, sagte er: „Diese Witwe hat nur zwei kleine Münzen gegeben, aber in Wirklichkeit hat sie mehr gespendet als alle Reichen zusammen. Die Reichen geben das, was sie nicht brauchen, aber die Witwe gab alles, was sie hatte."

Wenn du Gott eine Gabe bringst, ist es ihm egal, wie groß sie ist. Ihm ist wichtiger, was du in deinem Herzen trägst. Gibst du dankbar und von Herzen?

Geburtstagsgeschenke, die etwas verändern

Was ist das Beste an deinem Geburtstag? Dass du all deine Freunde zur dir nach Hause einladen und ein großes Fest veranstalten kannst? Vielleicht isst du am liebsten Geburtstagskuchen und Eis oder du bekommst gerne Geschenke?

Kurz vor ihrem elften Geburtstag sah Kara fern. Ein Nachrichtenmoderator sprach über ein schreckliches Erdbeben, das Haiti gerade erschüttert hatte. Nun hatten viele Menschen in Haiti nichts mehr zu essen. Sie hatten ihr Zuhause verloren. Und es gab keine Krankenhäuser, in denen man ihnen hätte helfen können. Kara lebte in einem Teil der USA, in dem es manchmal auch Erdbeben gibt. Deshalb wusste sie, wie viel Angst die Kinder aus Haiti haben mussten und wie traurig sie waren. Als sie daran dachte, wurde sie auch traurig. Sie beschloss, etwas zu tun, um den Kindern zu helfen.

Aber was sollte sie tun? Sie war nur ein Kind. Sie hatte keinen Beruf und kein eigenes Geld, das sie den Kindern aus Haiti senden konnte. Da hatte sie eine Idee!

Ihre Geburtstagsfeier sollte in wenigen Tagen stattfinden. Kara bat nun jeden eingeladenen Gast, eine Spende für die Kinder in Haiti mitzubringen, anstatt ihr ein Geburtstagsgeschenk zu kaufen.

Auf ihrer Geburtstagsfeier konnte Kara genug Geld sammeln, um vielen haitianischen Kindern zu helfen. Und sie vermisste die Geschenke gar nicht. Im Gegenteil, sie fühlte sich beschenkt. Es war für sie ein wunderbares Erlebnis, auch als junges Mädchen so viel im Leben anderer Menschen bewirken zu können.

KARA

Hast du das
gewusst?

⭐ **Christoph Kolumbus** landete 1492 auf Hispaniola. Er dachte, er hätte Indien oder Asien entdeckt.

⭐ Der Staat Haiti teilt sich die Insel Hispaniola mit der Dominikanischen Republik.

Jesus erweckt Lazarus von den Toten

Nach **JOHANNES 11**

Wo ist Jesus?, wunderte sich Maria. Wir haben schon vor zwei Tagen jemanden zu ihm geschickt.

Ihre Schwester Marta fragte sich das Gleiche. Lazarus, ihr Bruder, war sehr krank und sie wussten, dass ihr Freund Jesus ihm helfen konnte. Also hatten sie einen Boten zu ihm geschickt, aber Jesus war nicht gekommen.

Als Jesus endlich in Betanien ankam, war Lazarus bereits gestorben. Die Schwestern und viele Freunde waren in ihrem Haus zusammengekommen, um ihren Kummer zu teilen. Aber als Marta hörte, dass Jesus in der Nähe war, rannte sie hinaus, um ihn zu treffen.

„Herr, wieso bist du nicht zu uns gekommen? Wärst du hier gewesen, wäre unser Bruder nicht gestorben", sagte Marta zu ihm.

„Ich bin die Auferstehung und das Leben. Glaubst du nicht, dass jeder, der an mich glaubt, niemals sterben wird?", fragte Jesus.

> Jesus hat versprochen, dass jeder, der an ihn glaubt, für immer mit ihm im Himmel leben wird!

„Ja, Herr. Ich glaube an dich."

Marta kehrte nach Hause zurück, um Maria zu holen. Gemeinsam gingen die Schwestern mit Jesus zum Ort, an dem Lazarus lag. Jesus weinte und teilte ihre Trauer.

Als sie an die Grabstätte kamen, sagte Jesus: „Rollt den Stein weg."

„Aber, Jesus, Lazarus ist schon seit vier Tagen tot", sagte Marta.

„Habe ich dir nicht gesagt, dass du Gottes Herrlichkeit sehen wirst, wenn du daran glaubst?", sagte Jesus.

Der Stein wurde zur Seite geschoben. Jesus sah hinauf zum Himmel und sagte: „Vater, danke, dass du meine Gebete immer erhörst." Dann rief er: „Lazarus, komm heraus!"

Aus der Grabstätte kam ein Mann, der seine Grabkleider trug. Es war Lazarus! Jesus hatte ihn von den Toten auferweckt! Lazarus lebte wieder!

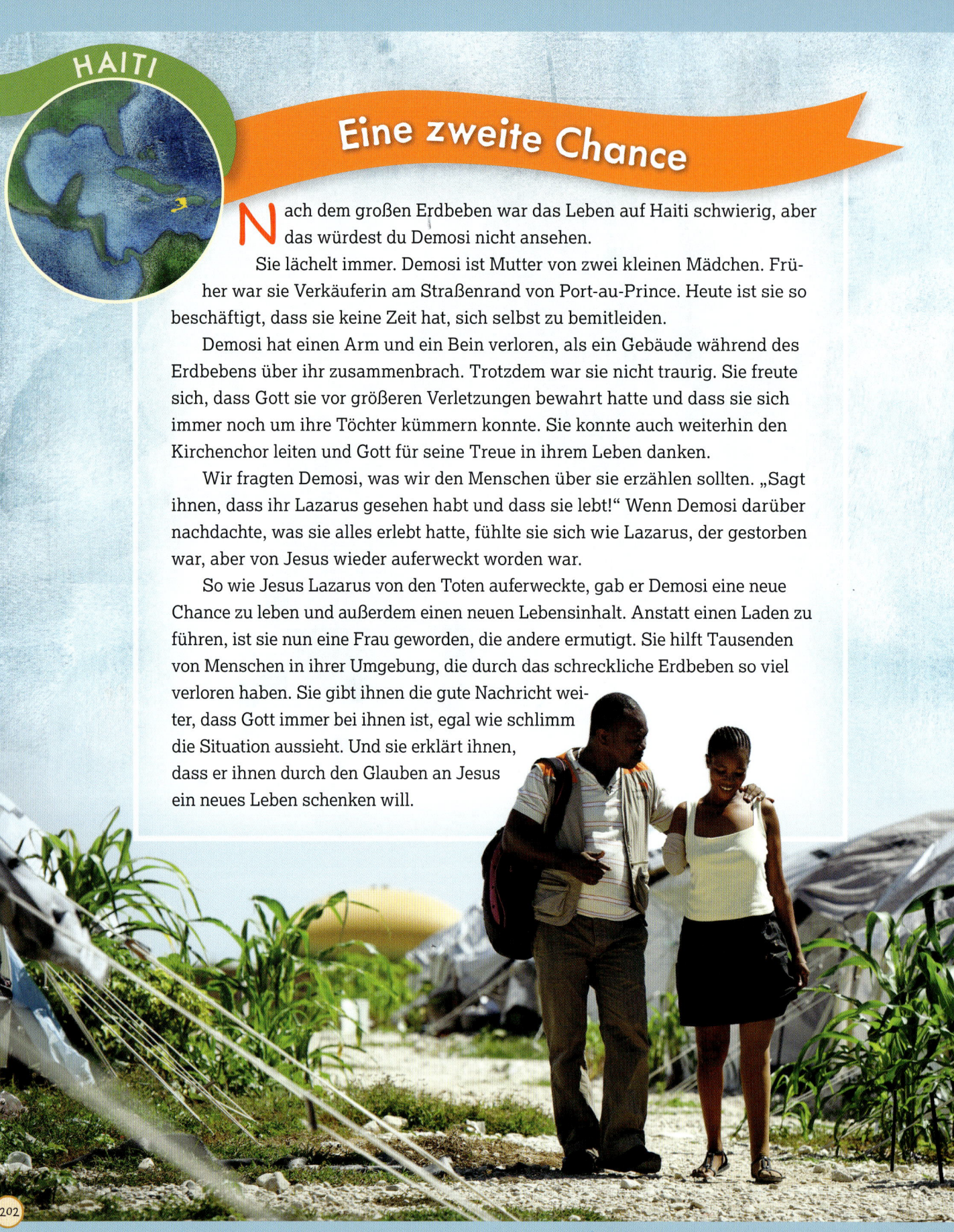

Eine zweite Chance

Nach dem großen Erdbeben war das Leben auf Haiti schwierig, aber das würdest du Demosi nicht ansehen.

Sie lächelt immer. Demosi ist Mutter von zwei kleinen Mädchen. Früher war sie Verkäuferin am Straßenrand von Port-au-Prince. Heute ist sie so beschäftigt, dass sie keine Zeit hat, sich selbst zu bemitleiden.

Demosi hat einen Arm und ein Bein verloren, als ein Gebäude während des Erdbebens über ihr zusammenbrach. Trotzdem war sie nicht traurig. Sie freute sich, dass Gott sie vor größeren Verletzungen bewahrt hatte und dass sie sich immer noch um ihre Töchter kümmern konnte. Sie konnte auch weiterhin den Kirchenchor leiten und Gott für seine Treue in ihrem Leben danken.

Wir fragten Demosi, was wir den Menschen über sie erzählen sollten. „Sagt ihnen, dass ihr Lazarus gesehen habt und dass sie lebt!" Wenn Demosi darüber nachdachte, was sie alles erlebt hatte, fühlte sie sich wie Lazarus, der gestorben war, aber von Jesus wieder auferweckt worden war.

So wie Jesus Lazarus von den Toten auferweckte, gab er Demosi eine neue Chance zu leben und außerdem einen neuen Lebensinhalt. Anstatt einen Laden zu führen, ist sie nun eine Frau geworden, die andere ermutigt. Sie hilft Tausenden von Menschen in ihrer Umgebung, die durch das schreckliche Erdbeben so viel verloren haben. Sie gibt ihnen die gute Nachricht weiter, dass Gott immer bei ihnen ist, egal wie schlimm die Situation aussieht. Und sie erklärt ihnen, dass er ihnen durch den Glauben an Jesus ein neues Leben schenken will.

★ Der indische Name für Haiti lautet *Ayiti* und bedeutet Land der hohen Berge.

★ Das Klima auf Haiti ist *tropisch* und Palmen können dort bis zu 18 Meter hoch werden!

Hast du das gewusst?

Auch nach dem schrecklichen Erdbeben bleibt *Demosi* stark.

Die Schafe und die Ziegen

Nach **MATTHÄUS 25**

Jesus wollte seine Anhänger auf das Ende der Zeit vorbereiten. Darum berichtete er ihnen von den Dingen, die in der Zukunft geschehen werden. „Eines Tages werde ich vom Himmel zurückkehren, umringt von Engeln. Ich werde die Menschen trennen, so wie ein Hirte die Schafe von den Ziegen trennt. Ich werde die Menschen, die mir folgen, wie Schafe auf meine rechte Seite führen. Und die Menschen, die ihren eigenen Weg gehen, werde ich wie Ziegen auf meine linke Seite führen.

Wenn wir Bedürftigen helfen, ist das, als würden wir Jesus helfen.

Ich werde mich den Schafen zuwenden und sagen: ‚Ihr seid gesegnet. Das Reich Gottes gehört euch. Ich war hungrig und ihr habt mir zu essen gegeben. Ich war durstig und ihr habt mir zu trinken gegeben. Ich war ein Fremder und ihr habt mich in euer Haus eingeladen. Ich war nackt und ihr habt mir Kleider gegeben. Ich war im Gefängnis und ihr habt mich besucht.'

Diese Menschen werden sagen: ‚Herr, wann haben wir das alles getan?'

Ich werde antworten: ‚Immer wenn ihr jemandem geholfen habt, der diese Dinge benötigte, habt ihr mir geholfen.'

Dann werde ich mich den Ziegen zu meiner Linken zuwenden und sagen: ‚Geht weg von mir! Ich war hungrig, aber ihr habt mir nichts zu essen gegeben. Ich war durstig, aber ihr habt mir nichts zu trinken gegeben. Ich war ein Fremder, aber ihr habt mich nicht beachtet. Ich war nackt, aber ihr habt mir keine Kleider gegeben. Ich war im Gefängnis, aber ihr habt mich nicht besucht.'

Diese Menschen werden fragen: ‚Wann haben wir dich in Not gesehen und dir nicht geholfen?'

Ich werde antworten: ‚Als ihr all die Menschen in Not ignoriert habt, habt ihr auch mich ignoriert.'"

Den Menschen die Liebe Jesu zeigen

Hast du ein Fahrrad? Macht es dir und deinen Freunden Spaß, damit durch die Gegend zu fahren? Nomsa fährt auch sehr gerne Fahrrad. Nomsa ist freiwillige Pflegerin ihrer Gemeinde und fährt mit dem Rad zu den Häusern ihrer hundertvierundzwanzig kranken Patienten. Sie kümmert sich um Menschen in ihrem eigenen Dorf und in den Nachbardörfern in Swasiland, dem afrikanischen Land, in dem sie lebt. Sie gibt ihnen Medizin und Essen. Sie hilft ihnen, ihre Kinder zu versorgen, und spricht ihnen Mut zu, wenn sie Schmerzen haben. Mit ihrer Freundlichkeit zeigt sie ihnen die Liebe Jesu.

Phetsile ist eine von Nomsas Patienten und sie sagt, dass Nomsa manchmal nichts für sie *tut.* Die zwei sitzen dann nur beisammen und reden. Doch genau wie Medizin tragen Nomsas Freundschaft, ihre Ermutigungen und Gebete dazu bei, dass Phetsile wieder gesund wird.

Viele Menschen, um die Nomsa sich kümmert, haben sonst niemanden, der ihnen helfen könnte. Die meisten Menschen glauben, dass sie sich anstecken, wenn sie eine kranke Person besuchen. Aber Nomsa hat keine Angst. Sie weiß, dass Jesus jeden ihrer hundertvierundzwanzig Patienten liebt. Und er hat ihr die Aufgabe gegeben, dass sie die Patienten auch liebt. Wenn sie mit ihrem Fahrrad durch die Gemeinde fährt, erinnert sie sich an die Worte von Jesu: Wenn sie sich um die kranken Patienten kümmert, ist es so, als würde sie sich um Jesus kümmern.

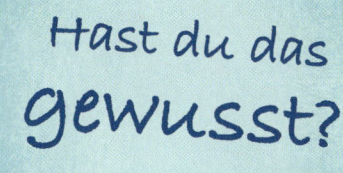

Hast du das
gewusst?

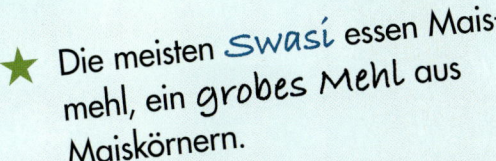

★ Die meisten *Swasi* essen Mais-mehl, ein *grobes Mehl* aus Maiskörnern.

★ *König Mswati III.* ist schon mit 18 Jahren König von Swasiland geworden.

Nomsa ist Krankenpflegerin und bringt ihren Patienten Hoffnung.

Jesus kommt nach Jerusalem

Nach **LUKAS 19**

„Ihr werdet einen jungen Esel sehen, wenn ihr die Stadt betretet", sagte Jesus zu zwei Jüngern. „Bindet den Esel los und bringt ihn zu mir. Falls jemand fragt, warum ihr ihn mitnehmt, sagt nur, dass der Herr ihn braucht. Niemand wird euch aufhalten."

Die Freunde von Jesus befolgten seine Worte. Sie fanden einen Esel und als sie ihn losbanden, fragte natürlich jemand: „Warum nehmt ihr diesen Esel mit?"

„Der Herr braucht ihn", antworteten sie. Sie brachten ihn zu Jesus, warfen ihre Mäntel auf den Rücken des Esels und Jesus stieg auf. Der starke kleine Esel trug ihn nach Jerusalem.

Menschenmengen versammelten sich am Wegesrand und sie begannen zu rufen: „Gesegnet sei der König, der im Namen des Herrn kommt! Friede sei im Himmel und Gott in der Höhe gebührt die Ehre!"

Die Menschen glaubten, dass Jesus ein großer König war. Darum warfen sie ihre Mäntel vor ihm auf die Straße, um ihn zu ehren. Andere pflückten Zweige von den Palmen ab und winkten Jesus damit zu, als er vorbeiritt. Ihre Lobrufe erfüllten die Luft!

Die religiösen Oberhäupter waren über den Lärm und die Lobrufe der Menge sehr aufgebracht. „Sag deinen Anhängern, dass sie leise sein sollen!", verlangten sie von Jesus.

Jesus antwortete ruhig: „Wenn die Menschen schweigen würden, so würden die Steine auf der Straße schreien!"

Jesus verdient für seine Person und seine Taten unser Lob. Er liebt es, wenn seine Kinder ihn preisen.

209

Das letzte Abendmahl

Nach **MATTHÄUS 26 UND JOHANNES 13**

Es war ein besonderer Abend für Jesus und seine zwölf Jünger. Sie waren zusammengekommen, um das Paschafest zu feiern. Das war ein wichtiger Festtag.

Während des Abendessens stand Jesus auf. Er ging zur Wasserschüssel und hob sie hoch. Dann übernahm er die Aufgabe eines Dieners: Er wusch die Füße seiner Jünger. Jesus wollte ihnen begreiflich machen, dass auch sie Diener waren und den Menschen helfen sollten.

Als danach alle Männer am Tisch saßen, sagte Jesus: „Einer von euch wird mich verraten."

Jeder Jünger fragte Jesus: „Werde ich es sein? Bin ich es, der zu deinem Gegner wird?"

„Derjenige, der mich verraten wird, wird sein Brot zur selben Zeit wie ich in die Schüssel tunken", sagte Jesus. Alle Jünger blickten zur Schüssel und sahen, dass Judas ein Stück Brot eintauchte.

„Bin ich es wirklich?", fragte Judas.

„Ja, du bist es", antwortete Jesus.

Dann dankte Jesus Gott für das Brot, das in der Mitte des Tisches stand. Er brach es in Stücke und reichte es herum. Jesus sagte: „Esst dieses Brot, und merkt euch, dass ich für euch gestorben bin." Dann nahm er den Weinkelch, dankte Gott dafür und bot ihn seinen Freunden an. „Trinkt diesen Wein, und merkt euch, dass mein Blut vergossen wurde, damit eure Sünden vergeben werden."

Jesus hat uns gezeigt, was es bedeutet, ein Diener zu sein, als er die dreckigen, staubigen Füße seiner Jünger wusch. Er diente sogar dem Mann, der sein Gegner werden sollte.

Jesus betet

Nach **LUKAS 22 UND JOHANNES 17**

Jesus wusste, dass man ihn in wenigen Stunden festnehmen und töten würde. Von den Dingen, die er vorher noch tat, war eines besonders wichtig: Jesus betete.

„Es wird Zeit, Vater. Gib deinem Sohn Herrlichkeit, damit er dir Herrlichkeit zurückgeben kann."

Dann betete Jesus für seine Jünger, die ihm zuhörten: „Vater, ich habe dich meinen Freunden bekannt gemacht und sie folgen dir. Sie wissen, dass alles, was ich lehre, von dir kommt. Meine Freunde gehören dir. Ich habe sie beschützt, während ich bei ihnen war, aber nun muss ich gehen. Vater, bitte beschütze du sie."

Jesus betete auch für alle Menschen, die eines Tages an ihn glauben würden, und dieses Gebet schließt uns mit ein!

„Vater, ich bete dafür, dass alle Gläubigen in Einheit zusammenstehen, so wie du und ich eine Einheit bilden, damit alle Menschen erkennen werden, dass du sie liebst."

Als Jesus zu Ende gebetet hatte, gingen er und seine Freunde, die Jünger, hinauf in den Olivenhain.

Zu den letzten Dingen, die Jesus tat, gehörte das Beten. Er betete für seine Freunde, die bei ihm am Tisch saßen, und er betete auch für dich!

Jesus wird festgenommen

Nach MATTHÄUS 26–27; LUKAS 22–23 UND JOHANNES 18–19

Jesus kniete im Garten Getsemani und betete. Er betete so angestrengt, dass sein Schweiß in großen Tropfen wie Blut auf den Boden fiel. „Vater, wenn es einen anderen Weg für mich gibt, die Menschen von ihren Sünden zu befreien, dann lass mich nicht an einem Kreuz sterben und von dir getrennt werden. Aber ich liebe dich und die Menschen so sehr, Vater, dass ich alles tun werde, was du von mir verlangst, um ihnen zu helfen."

Plötzlich hörte Jesus den Lärm von Soldaten, die mit Schwertern und Speeren zu ihm gelaufen kamen. Einer von seinen Jüngern, Judas, zeigte ihnen den Weg. Judas ging auf Jesus zu und küsste ihn auf die Wange, um den Soldaten zu zeigen, welche Person sie verhaften mussten. Die Soldaten ergriffen Jesus. Da nahm einer von den Jüngern ein Schwert und schnitt einem Soldaten ein Ohr ab.

„Stopp!", rief Jesus. „Petrus, steck dein Schwert weg!" Jesus berührte das Ohr des Soldaten und sofort war es wieder heil.

Die Soldaten brachten Jesus zum Hohepriester und der fragte ihn: „Bist du Christus, der Sohn Gottes?"

Als Jesus sagte: „Ja, es ist so, wie du sagst", geriet der Hohepriester außer sich vor Wut.

„Das reicht! Jesus behauptet, er sei Gott! Er muss getötet werden!"

Jesus wurde zum Statthalter Pilatus gebracht. Pilatus glaubte nicht, dass Jesus ein Verbrechen begangen hatte. Er wollte Jesus freilassen, aber die Menschenmenge verlangte stattdessen die Freilassung von Barabbas, einem grausamen Mörder.

„Was soll ich mit Jesus machen?", fragte Pilatus die Leute.

„Kreuzige ihn!", schrien sie. Da übergab Pilatus Jesus an die Soldaten. Sie sollten ihn töten, obwohl er nichts Falsches getan hatte.

Jesus, der Sohn Gottes, hat niemals etwas Falsches getan. Aber er starb freiwillig, um für die Sünden aller Menschen zu bezahlen.

Petrus verleugnet Jesus

Nach **MATTHÄUS 26 UND JOHANNES 18**

Als die Soldaten Jesus aus dem Garten Getsemani mitnahmen, folgte Petrus ihnen in einiger Entfernung. Er versuchte keine Aufmerksamkeit zu erregen. Nachdem die Soldaten Jesus in den Hof des Hohepriesters gezerrt hatten, wartete Petrus draußen in der Dunkelheit, um zu sehen, was geschehen würde.

Es war eine kalte Nacht. Petrus trat an ein Feuer, um seine Hände zu wärmen. Ein Dienstmädchen sah ihn und sagte: „Hey, ich habe dich zusammen mit Jesus gesehen."

„Nein, du irrst dich", sagte Petrus.

Etwas später sagte jemand anderes zu Petrus: „Ich habe dich schon einmal gesehen! Du bist einer seiner Jünger, oder?"

„Nein! Das bin ich nicht!", sagte Petrus.

Schließlich sagte ein Diener des Hohepriesters: „Ich habe dich vorhin mit Jesus zusammen im Garten gesehen."

„Ich weiß nicht, wovon du redest!", rief Petrus.

Manchmal ist es schwer, mutig zu sein und anderen zu sagen, dass du Jesus liebst. Aber auch wenn Menschen uns auslachen oder den Glauben ablehnen, dürfen wir wissen, dass es richtig ist, sich zu Jesus zu bekennen!

Genau in diesem Moment hörte er einen Hahn krähen und erinnerte sich, was Jesus angekündigt hatte: „Bevor der Hahn kräht, wirst du dreimal gesagt haben, dass du mich nicht kennst."

Petrus erinnerte sich auch an die andere Aussage, die Jesus gemacht hatte, dass sich all seine Freunde von ihm abwenden und ihn im Stich lassen würden. „Es kann sein, dass alle dich verlassen, aber ich werde dich niemals verlassen!", hatte Petrus protestiert.

Jetzt weinte Petrus bitterlich. Er wusste, dass Jesus in unserem Leben immer an erster Stelle stehen sollte, egal was kommt.

Zu Jesus halten

Wenn du dir jemanden vorstellen solltest, der sehr tapfer ist – würdest du dann an Superhelden wie Spider-Man oder Captain Amerika denken, die den Kampf mit den Bösen aufnehmen und die Welt vor dem Untergang retten? Wenn sich die Leute im Antsokia-Tal in Äthiopien an jemanden erinnern sollen, der tapfer ist, dann könnte es gut sein, dass ihnen der Name Teshome Demissie in den Sinn kommt.

Teshomes Eltern waren Bauern. Er hat noch sieben Geschwister. Neben der Schule musste er für die Tiere der Familie sorgen. Als Teshome in der vierten Klasse war, regnete es einfach nicht mehr in seinem Gebiet. Was die Familie auf den Feldern angebaut hatte, verdorrte. Eine schreckliche Hungersnot begann. Viele Kinder gingen gar nicht mehr zur Schule, weil sie sich vor lauter Hunger nicht konzentrieren konnten. Schließlich kamen von Teshomes fünfzig Klassenkameraden nur noch acht zum Unterricht.

Damals besuchten einige Leute von *World Vision* die Kinder in Teshomes Schule. Dort verteilten sie kostenlose Mahlzeiten. Sie erzählten auch von Jesus und sangen Lieder, die von seiner Liebe zu Kindern handeln. Ein freundlicher Mann fragte Teshome, ob er Jesus näher kennenlernen möchte. Aber Teshome befürchtete, dass seine Eltern etwas dagegen hätten, und so sagte er: „Nein."

Viele Jahre vergingen, bevor Teshome wieder von einem Bekannten von *World Vision* auf Jesus angesprochen und eingeladen wurde, ein Nachfolger von Jesus zu werden. Diesmal sagte Teshome: „Ja!" Aber sein Vater war damit gar nicht einverstanden. Stattdessen stellte er Teshome vor die Wahl: entweder weiter zur Familie zu gehören oder für Jesus zu sein. Inzwischen war Teshome aber erwachsen, und so entschloss er sich mutig, Jesus zu folgen!

Heute erzählte Teshome jedem, wie sehr Jesus ihn liebt. Die Gemeinde, zu der er gehört, hat ihn sogar beauftragt, als Missionar in einem anderen Dorf zu arbeiten. Selbst wenn die Leute seine Botschaft nicht annehmen, bleibt Teshome tapfer dabei, die gute Nachricht weiterzugeben, dass Jesus die Menschen liebt.

Mutig verbreitet Teshome die gute Nachricht von Jesus.

Hast du das gewusst?

★ **Doro wat** ist ein beliebter Eintopf mit Huhn. Linseneintopf wird **Mesir wat** genannt.

★ Äthiopien hieß früher einmal **Abessinien**.

★ Die traditionellen runden Häuser in Äthiopien nennt man **Tukul**.

Jesus hat nie gesündigt. Aber er liebt die Menschen so sehr, dass er bereit war, für unsere Sünden zu sterben.

Karfreitag

Nach MATTHÄUS 27; MARKUS 15; LUKAS 23; JOHANNES 19

Es war der traurigste Tag der Weltgeschichte. Jesus, Gottes einziger Sohn und der Einzige, der niemals etwas Falsches getan hatte, sollte gekreuzigt werden. So sollte er für die Sünden der Welt bezahlen.

Auf dem Hügel mit Namen Golgota hingen schon zwei Diebe am Kreuz. Die Soldaten warfen Jesus zu Boden. Sie nagelten seine Hände und Füße an das hölzerne Kreuz und richteten es auf, sodass es aufrecht stand. Über den Kopf von Jesus hängten sie ein Schild mit der Aufschrift: „König der Juden".

Viele Menschen, die um das Kreuz herum standen, lachten Jesus aus und riefen: „Seht euch den König der Juden an! Kannst du dich nicht selber retten?", und: „Wenn er Gottes Sohn ist, warum rettet Gott ihn dann nicht?"

Jesus antwortete nur mit einem Gebet: „Vater, vergib ihnen. Sie wissen nicht, was sie tun."

Sogar einer der Männer, die neben Jesus am Kreuz hingen, machte sich über ihn lustig: „Beweise doch, dass du der Messias bist. Rette dich selbst – und uns auch!"

Der andere Dieb war schockiert. „Hast du keine Ehrfurcht vor Gott? Wir haben es verdient, für unsere Taten zu sterben, aber dieser Mann hat den Tod nicht verdient. Er hat nichts Falsches getan!" Dann sah der Mann zu Jesus und sagte: „Bitte denk an mich, wenn du dein Königreich betrittst."

„Ich verspreche dir: Noch heute wirst du mit mir in den Himmel kommen", sagte Jesus.

Gegen Mittag wurde der Himmel schwarz wie die Nacht und Jesus rief zu seinem Vater: „Es ist vollbracht! Vater, ich gebe meinen Geist in deine Hände." Dann starb er.

Jesus lebt!

Nach **MARKUS 16**

Drei Tage später war der schönste Tag der Weltgeschichte. Einige Frauen, die an Jesus geglaubt hatten, füllten traurig und schweigend ihre Körbe mit Gewürzen, Ölen und Parfüm für die Beerdigung von Jesus. Auf dem Weg zur Grabstätte, die außerhalb der Stadt lag, sprachen sie nicht viel miteinander.

„Wie sollen wir den großen Stein wegschieben, der vor dem Eingang des Grabes liegt?", überlegte eine Frau. „Er ist zu schwer für uns."

Sie näherten sich dem Grab. Da rief eine der Frauen: „Seht nur! Der Stein ist weggerollt! Das Grab ist offen!"

Als die Frauen in die Grabstätte eilten, sahen sie dort einen Mann in weißen Gewändern sitzen. Die Frauen waren entsetzt. Der Körper von Jesus war verschwunden!

„Habt keine Angst", sagte der Mann. „Ich weiß, dass ihr gekommen seid, um nach Jesus zu sehen, der gekreuzigt wurde. Aber er ist nicht hier. Er ist nicht mehr tot! Er ist wieder lebendig! Geht, und erzählt seinen Jüngern, dass Jesus von den Toten auferstanden ist und dass er sie in Galiläa treffen wird."

Was für ein Wunder! Jesus, der für die Sünden der Menschen gestorben war, war auferweckt worden! Die Frauen rannten zurück in die Stadt, um es seinen Jüngern zu erzählen!

Die Auferstehung von Jesus ist der Beweis für Gottes Versprechen, dass jeder, der an ihn glaubt, ewig leben wird. Nichts ist für ihn unmöglich!

Für Gott ist nichts unmöglich

Hast du jemals etwas aufgegeben, weil es unmöglich schien? Lopez, der im Sudan aufwuchs, wollte oft aufgeben. Als er gerade sechs Jahre alt war, trennten Soldaten ihn von seiner Mutter und wollten aus ihm auch einen Soldaten machen. Er wurde mit anderen Jungen in ein Gefängnis geworfen, aber er und drei Freunde brachen aus. Sie rannten bis nach Kenia, zu einem Lager, in dem Menschen lebten, die aus ihren Familien gerissen worden waren. Die meisten von ihnen waren Kinder.

Obwohl er verängstigt und einsam war, glaubte Lopez fest, dass Gott ihn beschützte. Zehn Jahre lang aß er nur eine Mahlzeit am Tag. Wenn er Fußball spielen wollte, musste er kilometerweit rennen, um an einem Spiel teilnehmen zu können. Aber dadurch wurde er ein schneller Läufer. So schnell, dass er davon träumte, eines Tages bei den Olympischen Spielen dabei sein zu dürfen.

Lopez liebte den Sonntagmorgen. Da konnte er in die Kirche des Lagers gehen und Gottesdienst feiern. An einem Sonntag sagte der Priester, dass dreitausend-fünfhundert Jungen aus dem Lager die Erlaubnis bekommen würden, nach Amerika zu gehen. Lopez bewarb sich um einen solchen Platz. Er betete, dass die Wahl auf ihn fallen würde, wenn es Gottes Wille wäre. Und er wurde tatsächlich ausge-wählt! Lopez kam nach Amerika und wurde von einer freundlichen Familie aufge-nommen. Und eines Tages, nachdem er die höhere Schule abgeschlossen hatte, wurde er Olympialäufer. Ihm wurde sogar die Ehre zuteil, in der Eröffnungszere-monie der Olympischen Spiele 2008 in Beijing die amerika-nische Flagge zu tragen.

Lopez' Geschichte hört sich fast unmöglich an, aber nichts ist unmöglich für Gott. Er kann einen verlorenen Jungen aus dem Sudan zu einem olympischen Läufer machen. Und weil Jesus auferstanden ist, kann er uns durch den Glauben an seinen Sohn ewiges Leben schenken.

Lopez trainierte hart für **die Olympischen Spiele.**

Diese Mutter, *Nybiol Ring*, war sehr glücklich, dass sie mit ihren Kindern in ihr Heimatland zurückkehren konnte – in den Südsudan, das weltweit jüngste Land.

Hast du das gewusst?

★ Die *verlorenen Jungen des Sudans* sind eine Gruppe von über 2000 Jungen, die während des zweiten Bürgerkriegs im Sudan von ihren Familien getrennt oder zu Waisen wurden.

★ Im *Juli 2011* wurde der Sudan in zwei unabhängige Länder aufgeteilt: Sudan und Südsudan.

★ Bevor die beiden Länder getrennt wurden, war der Sudan von der Fläche her das *größte* Land Afrikas.

Eines Tages
wird Jesus auf
die Erde
zurückkehren.
Bis dahin sollen
wir so vielen
Menschen wie
möglich von ihm
erzählen, damit
sie ihn kennen-
und lieben lernen.

Die Wahrheit über Jesus verbreiten

Nach **MATTHÄUS 28; MARKUS 16; JOHANNES 20 UND APOSTELGESCHICHTE 1**

Alle Jünger außer Tomas waren zusammen in einem verschlossenen Raum. Sie sprachen über den Tod von Jesus. Da stand Jesus auf einmal bei ihnen im Raum!

Zuerst konnten die Jünger es nicht fassen. Aber dann erinnerten sie sich, dass Jesus Gottes Sohn ist. Und nun glaubten sie natürlich, dass er sich ihnen gezeigt hatte.

Die Jünger konnten es kaum erwarten, Tomas zu erzählen, dass sie den Herrn gesehen hatten. Aber Tomas zweifelte an ihren Worten. „Ich werde nicht glauben, dass Jesus lebt", sagte Tomas, „bis ich seine Narben sehe und die Stellen berühre, an denen die Nägel waren."

Eine Woche später saßen die Freunde von Jesus wieder zusammen. Diesmal war Tomas dabei. Plötzlich stand Jesus vor ihnen. „Tomas", sagte er, „siehst du meine Hände? Berühre die Stellen, an denen die Nägel waren. Hör auf zu zweifeln und glaube mir."

Tomas glaubte ihm! „Mein Herr und Gott!", rief er aus.

„Du glaubst, dass ich Gottes Sohn bin, weil du mich lebend gesehen hast, nachdem ich tot war", sagte Jesus. „Diejenigen, die mich nicht mit eigenen Augen gesehen oder mit den eigenen Händen berührt haben und trotzdem an mich glauben, sind wirklich gesegnet."

Bevor er in den Himmel zurückkehrte, gab er seinen Freunden einen wichtigen Befehl: „Geht in alle Welt und erzählt den Menschen von mir. Tauft sie, und lehrt sie, alles zu befolgen, was ich befohlen habe. Und denkt daran, dass ich immer bei euch sein werde." Und Jesus stieg in den Himmel auf.

Zwei weiß gekleidete Männer erschienen bei den Jüngern und fragten: „Warum steht ihr hier und starrt in den Himmel?" Dann versprachen sie den Jüngern, dass Jesus eines Tages zurückkehren würde!

Der beste Freund eines Zahnarztes

Wir wissen, wie wichtig es ist, dass wir uns gut um unsere Zähne kümmern. Wir wollen ein strahlendes und gesundes Lächeln, darum putzen wir die Zähne, benutzen Zahnseide und gehen regelmäßig zum Zahnarzt. Aber manche Kinder haben keine Möglichkeit, das zu tun. Kinder, die tief im Dschungel des Amazonas-Regenwaldes leben, haben zum Beispiel keine Zahnbürste und keine Zahnpasta, und die meisten von ihnen gehen niemals zum Zahnarzt.

Aber dann kam Dr. Joel! Dr. Joel ist ein fröhlicher Zahnarzt aus Manaus in Brasilien. Er arbeitet auf einem großen, weißen Schiff. Es fährt den Rionegro-Fluss auf und ab und legt alle paar Kilometer an, damit Kinder aus den Dschungeldörfern medizinisch und zahnärztlich versorgt werden können. Die Kinder und ihre Eltern stehen bis weit in den Dschungel hinein Schlange, während sie geduldig darauf warten, dass sie auf das Boot gehen dürfen. Dann klettern sie, einer nach dem anderen, in Dr. Joels großen Zahnarztstuhl. Die meisten von ihnen haben so etwas noch nie gesehen, und Dr. Joel erzählt ihnen Witze und Geschichten, damit sie keine Angst haben. Eine von Dr. Joels Lieblingsgeschichten ist die über seinen besten Freund. Dr. Joel fragt jedes Kind, ob es einen besten Freund hat. Und dann erzählt er ihnen von seinem besten Freund, Jesus, und davon, wie sehr Jesus alle liebt. Dr. Joel nutzt jede Gelegenheit, um die gute Nachricht von Jesus zu verbreiten. Er möchte sichergehen, dass niemand seinen Zahnarztstuhl ohne ein breites, gesundes Lächeln verlässt – und dass jeder davon gehört hat, dass Jesus auch sein bester Freund werden kann.

Kinder machen für Dr. Joel den Mund weit auf. Dr. Joel dient Gott, während er Zähne säubert.

Hast du das gewusst?

★ Der Amazonas-Regenwald ist der weltweit größte tropische Regenwald.

★ Brasilien ist das größte portugiesisch-sprachige Land der Welt.

★ Brasilien ist das einzige Land, dessen Fußball-team an sämtlichen Fußballweltmeister-schaften teilgenommen hat. Und die Brasilianer erzielten auch die meisten Siege – fünf!

Das Geschenk des Heiligen Geistes

Nach **APOSTELGESCHICHTE 2**

Ein Sausen und Brausen ging durch die Luft.
„Was ist das für ein Geräusch?", fragte jemand.
„Es klingt wie das Wehen des Windes."

Als das Geräusch lauter wurde, erschienen auf einmal kleine Flammen über den Köpfen der Apostel. *Was geschieht hier?*, fragten sich die Leute.

Jesus hatte seinen Jüngern versprochen, dass Gott den Heiligen Geist schicken würde. Er sollte ihnen helfen, nachdem Jesus in den Himmel zurückgekehrt wäre. Und Gott hielt sein Wort! Die Männer wurden von Gottes Kraft erfüllt und sofort redeten einige von ihnen in Sprachen, die sie nie zuvor gelernt hatten. Es war unglaublich!

> Alle Gläubigen erhalten das Geschenk des Heiligen Geistes. Er hilft ihnen, Gottes Werk zu vollbringen und Jesus ähnlich zu werden.

Genau wie Gott es geplant hatte, waren Menschen aus vielen anderen Ländern in Jerusalem, als dies geschah. „Ich höre meine Sprache!", riefen sie aus. „Diese Menschen kommen aus Galiläa. Wie können sie so sprechen, dass wir sie verstehen?", fragten sie sich gegenseitig.

Einige Leute machten sich über die Jünger lustig: „Sie haben vielleicht nur zu viel getrunken."

Aber Petrus sagte: „Hört mir zu, diese Männer sind nicht betrunken. Nein, was hier geschieht, wurde vom Propheten Joel vorausgesagt: ‚In den letzten Tagen, sagt Gott, werde ich meinen Geist über alle Menschen ausgießen.'

Ihr wisst, dass Jesus bei uns gewesen ist. Er hat durch Gottes Kraft Wunder vollbracht. Er hat euch von Gott erzählt. Trotzdem haben ihn einige von euch hinrichten lassen. Gott hat ihn von den Toten auferweckt. Und nun hat Jesus uns Gottes Heiligen Geist geschenkt, damit wir die Kraft haben, sein Werk zu vollbringen."

Viele Menschen hörten Petrus zu und an diesem Tag bereuten dreitausend Menschen ihre Sünden und wurden getauft.

Ein unglaubliches Wunder

Nach **APOSTELGESCHICHTE 3**

„**K**omm schon, Johannes!", drängelte Petrus. „Wir wollen nicht zu spät zum Nachmittagsgebet kommen." Sie nahmen den gelähmten Mann, der neben dem Tempeleingang saß, kaum wahr.

„Habt ihr vielleicht ein paar Münzen übrig?", fragte der Mann, als Petrus und Johannes vorübereilten. Sie hielten an und bemerkten den Mann, der seine Hand ausstreckte. „Sieh uns an", sagte Petrus. Der Mann blickte auf und erwartete, dass Petrus ihm etwas Geld geben würde.

Stattdessen sagte Petrus: „Ich habe kein Geld, das ich dir geben könnte. Aber ich werde dir geben, was ich habe. Im Namen von Jesus Christus aus Nazaret, steh auf und geh!"

Der Mann wusste nicht, was er davon halten sollte. Da nahm Petrus seine Hand und zog ihn auf seine Füße. Der Mann war überrascht, dass er tatsächlich alleine stehen konnte! Seine Knöchel und Füße waren plötzlich stark. Er war so glücklich, dass er herumsprang und Gott pries! Sofort ging er mit Petrus und Johannes in den Tempel, um Gott zu danken.

„Nanu! Ist das nicht der gelähmte Mann, der an der Eingangstür gebettelt hat?", fragten die Menschen sich gegenseitig. Sie konnten nicht glauben, dass er herumging. Alle, die ihn sahen, waren erstaunt.

Wir dienen einem erstaunlichen Gott.
Er kann einen Gelähmten heilen.
Er kann seine Beine stark machen
und ihm ermöglichen, dass er wieder
geht – und vor Freude springt.

Gott heilt

Vikas' Lieblingssport war Fußball. Es war sein größtes Glück, zu rennen und den Ball über das Feld zu kicken. Aber dann gab es ein Erdbeben und es sah so aus, als würde Vikas nie wieder Fußball spielen können. Vikas war in seinem Haus im indischen Bundesstaat Gujarat, als das Erdbeben, begann. Es geschah so plötzlich, dass er nicht einmal mehr Zeit hatte, hinauszurennen. Als das Haus einstürzte, wurden seine Füße unter den Steinen begraben. Es dauerte lange, bis die Einwohner des Dorfes ihn gerettet hatten, und da waren seine Füße schon so schlimm verletzt, dass keine Heilung mehr möglich war.

Doch eines Tages kamen christliche Besucher in Vikas' Dorf. Sie sahen den kleinen Jungen, der von seiner Mutter umhergetragen wurde, und fragten sich, wie man ihm helfen konnte. Sie fanden heraus, dass Vikas operiert werden musste, um wieder laufen zu können: Ärzte mussten seine verletzten Füße durch neue, künstliche ersetzen. Aber seine Mutter war sehr arm und hatte nicht genügend Geld, um ihn zu einem Arzt zu bringen. Einer der Besucher hatte eine Idee. Er war kein Arzt und verstand auch nichts von Medizin, aber er hatte etwas Geld gespart und wollte damit Vikas' Operation bezahlen.

Durch ein Wunder heilte Gott den gelähmten Mann, den Petrus und Johannes am Eingang des Tempels sitzen sahen. Und Gott heilte Vikas mit der Hilfe eines Arztes und eines christlichen Besuchers, der bereit war, seinen Besitz zu teilen. Jetzt kann Vikas mit seinen neuen Füßen wieder rennen und Tore schießen. Er ist sehr froh, dass Gott ihn geheilt hat.

Vikas steht fest auf seinen neuen Füßen.

★ In Indien werden heute über 450 Sprachen gesprochen

★ Das beliebte Leiterspiel für Kinder wurde bereits im 13. Jahrhundert in Indien erfunden! Im Englischen wurde es ursprünglich „Schlangen und Leitern" genannt.

Hast du das
gewusst?

Nach **APOSTELGESCHICHTE 4–5**

Gott schickte seinen Heiligen Geist zu den Jüngern. Er gab ihnen den Mut, die gute Nachricht von Gottes Liebe zu verbreiten, und half ihnen, ein Leben zu führen, das ihm gefiel. Genau das tut er heute noch!

Weil der Heilige Geist bei ihnen war, verkündeten die ersten Anhänger von Jesus mutig, dass Jesus der Herr ist. Sie kümmerten sich um die Kranken und teilten ihren Besitz mit den Bedürftigen. Aufgrund der Worte und Taten der Anhänger von Jesus folgten immer mehr Menschen Jesus nach:

Der Heilige Geist half den frühen Christen so zu leben, dass sie der Welt die Liebe Gottes zeigten.

* „Deine Familie hat nicht genug zu essen? Und ich habe mehr, als ich brauche. Ich werde es mit dir teilen", sagte ein Mann zum anderen.

* „Ich kann dir dabei helfen, dich um dein krankes Kind zu kümmern", bot eine Frau einer jungen Mutter an.

* „Hier", sagte eine Familie zu den Jüngern. „Bitte nehmt dieses Geschenk. Wir haben unsere Sachen verkauft, damit ihr das Geld benutzen könnt, um den Armen zu helfen."

So wie der Heilige Geist im Leben dieser ersten Anhänger von Jesus wirkte, so wirkt er auch heute im Leben der Anhänger von Jesus. Er hilft uns, der Welt die Liebe Gottes zu zeigen.

Geschenkte Ziegen

Jeden Tag nach der Schule gehen die Kinder ins *Brown House* in Northport in Alabama. Dort spielen sie, bekommen Hilfe bei den Hausaufgaben und erfahren etwas über Jesus.

An einem Weihnachtsfest hatte Andrea, eine ehrenamtliche Mitarbeiterin von *Brown House*, eine Idee: Die Kinder könnten als Geschenk für arme Kinder auf der anderen Seite der Welt eine Ziege kaufen. Die Kinder waren begeistert, aber sie hatten kein Geld. Andrea hatte wieder eine Idee: Sie könnten Weihnachtskarten basteln und sie verkaufen. Sie packte Papier, Filz, Knöpfe und Kleber aus und die Kinder begannen zu basteln. Auf ihrer großen Weihnachtsfeier verkauften sie ihre gebastelten Karten, und zu ihrer Überraschung kam genug Geld zusammen, um zwei Ziegen zu kaufen und ein Kind zu unterstützen.

Im nächsten Jahr machten die Kinder von *Brown House* noch mehr Karten und nahmen noch mehr Geld ein. Diesmal reichte es sogar, um zwei weitere Kinder zu unterstützen und sie mit Dingen auszustatten, die sie für ein glückliches und gesundes Leben brauchten – Dinge wie Wasser, Nahrung, medizinische Versorgung und Bildung. Die Schüler von *Brown House* unterstützen jetzt einen kleinen Jungen namens Placide in Ruanda, die zehnjährige Laxmi in Indien und die elfjährige Seada in Äthiopien.

Die Kinder von *Brown House* brachten so viel wie möglich über die Orte in Erfahrung, an denen die von ihnen unterstützten Kinder leben. Und sie lernten viel über ihre Lebensweise. Andrea glaubt, dass die Liebe zu ihren Nächsten in aller Welt auch den Kindern von *Brown House* geholfen hat. Jetzt wissen sie, dass sie im Leben anderer Menschen etwas bewirken können, obwohl sie noch jung sind. Dies geschieht, indem sie anderen die Liebe von Jesus zeigen.

Kinder aus Alabama nutzen ihren kleinen Besitz, um Kindern zu helfen, die noch weniger haben.

★ **Ruanda** ist bekannt als das Land der tausend Hügel.

★ **Gebeta** ist bei den Kindern aus Äthiopien ein beliebtes Spiel. Es wird mit Samen oder Kieselsteinen und einer Reihe von Bechern gespielt. Vielleicht hast du schon mal etwas Ähnliches mit dem Namen Bohnenspiel gespielt.

★ Der Nationalvogel Indiens ist der **Pfau**.

Hast du das **gewusst?**

Philippus und der Äthiopier

Nach **APOSTELGESCHICHTE 8**

Philippus war unterwegs nach Gaza. Er hatte durch einen Engel eine besondere Botschaft von Gott erhalten: Er sollte sich auf den Weg machen! Es dauerte nicht lange, bis Philippus verstand, warum Gott ihn auf diese Straße geschickt hatte. Er sah einen Wagen, in dem ein wichtiger Mann aus Äthiopien saß. Der Mann war in Jerusalem gewesen, um zu beten. Philippus konnte hören, wie der Mann laut in der Heiligen Schrift las, während er nach Hause reiste.

„Geh näher an den Wagen heran", sagte der Heilige Geist zu Philippus. Als er das tat, hörte Philippus, dass der Mann Prophezeiungen über Jesus aus dem Buch Jesaja las.

„Verstehst du, was du da liest?", fragte Philippus den Mann.

„Wie soll ich es verstehen, wenn es mir niemand erklärt?", antwortete der Mann. Daraufhin lud er Philippus ein, mit ihm zu fahren. „Wer ist dieser Prophet, von dem sie hier reden?"

Philippus erklärte die einzelnen Verse und erzählte die ganze Geschichte und die gute Nachricht von Jesus. Da kamen die beiden an eine Wasserstelle am Straßenrand. „Kann ich jetzt sofort getauft werden?", fragte der Mann.

Also hielt der Wagen an. Philippus und der Mann traten in das Wasser und Philippus taufte ihn.

Gerade als Philippus den Mann aus dem Wasser hob, nahm der Heilige Geist Philippus mit sich. Der äthiopische Mann sah Philippus nie wieder. Aber er setzte seine Reise fort, lobte Gott und freute sich über seine neue Beziehung zu ihm.

Bevor Jesus in den Himmel zurückkehrte, gab er seinen Anhängern einen Auftrag: Sie sollten weiterhin die Botschaft von Gottes Liebe mit jedem teilen, der ihnen begegnete.

Immerzu von Jesus reden

Der neunjährige Francisco junior kann es kaum erwarten, dass sein Vater von den Feldern zurückkehrt. Er möchte ihn fest umarmen. Eigentlich hat Francisco senior seinen Sohn fast immer bei sich, wenn die Menschen ihn sehen. Francisco junior erfährt gern etwas über die Landwirtschaft, wenn er zusieht, wie sein Vater Mais, Rettich und Bohnen anbaut. Er erfährt aber auch gern etwas über Jesus, wenn er zuhört, wie sein Vater anderen von ihm erzählt. Überall, wo er hingeht, sagt Francisco senior die gute Nachricht weiter, dass Jesus jeden Menschen liebt!

Francisco senior hat nicht immer von Jesus erzählt. Als er das erste Mal in seinem kleinen Dorf El Tablon in Honduras in die Kirche ging, tat er das nur seiner Frau Carmen zuliebe. Aber 2003 besuchte er einen Kurs in der Kirche, um zu lernen, wie er seine Arbeit als Bauer verbessern konnte. Nach dem Kurs erklärte der Priester, dass der Glaube an Jesus Francisco helfen würde, auch ein besserer Ehemann und Vater zu werden. Francisco wusste, dass er sich nicht immer richtig verhalten hatte, aber er wollte sich bessern. Also lud Francisco Jesus in sein Leben ein und bat ihn, all seine schlechten Taten zu vergeben. Jesus sollte ihm helfen, so zu leben, wie es Jesus gefiel.

Heute kann Francisco senior nicht mehr aufhören, von Jesus und von all den Veränderungen in seinem Leben zu erzählen. Francisco ist jetzt Leiter von drei *Ecclesiolas*. Das sind Gruppen von Menschen, die sich treffen, um einander zu ermutigen und im Glauben zu stärken. Außerdem zeigen er und Carmen fünfundsechzig Familien aus ihrer Umgebung, wie sie so leben können, dass es Jesus gefällt. Die Familien sehen, dass Jesus das Leben von Francisco sehr verändert hat, und sie wollen Jesus ebenfalls kennenlernen!

ERMITA
SAN FRANCISCO DE ASIS

Vater und Sohn freuen sich, wenn sie zur Kirche gehen und über Jesus reden können.

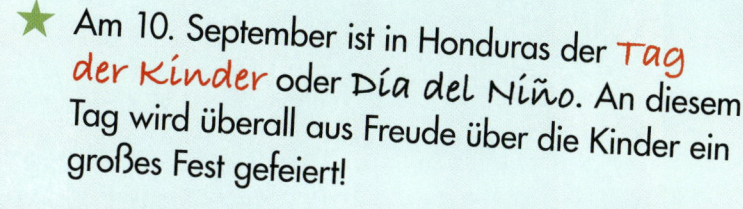

★ Am 10. September ist in Honduras der *Tag der Kinder* oder *Día del Niño*. An diesem Tag wird überall aus Freude über die Kinder ein großes Fest gefeiert!

★ Die fünf Sterne auf der Flagge von Honduras stehen für die fünf Länder in Mittelamerika.

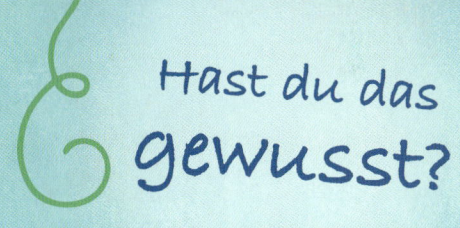

Hast du das
gewusst?

Kinder in Honduras feiern ein Geburtstagsfest.

Saulus verändert sich

Nach **APOSTELGESCHICHTE 9**

"Gnade und Frieden für euch, Brüder und Schwestern in Christus!" Paulus liebte Jesus sehr. Seine ganze Zeit und Kraft setzte er dafür ein, anderen Menschen von Jesus zu erzählen und ihnen zu erklären, wie sie leben sollten, um Gott Freude zu machen. Gott gebrauchte Paulus sogar dazu, viele Bücher des Neuen Testamentes zu schreiben.

Aber Paulus hatte Jesus nicht immer geliebt und war ihm nicht immer nachgefolgt. Paulus wurde zunächst Saulus genannt und als er diesen Namen noch trug, war er ein richtiger Fiesling! Saulus konnte die Christen nicht leiden! Er nutzte jede Gelegenheit, Christen ins Gefängnis werfen zu lassen.

Saulus war dafür bekannt, dass er die Christen hasste – und die Christen hatten Angst vor ihm. Eines Tages beschloss Saulus, dass es nicht ausreichte, die Gläubigen in Jerusalem ins Gefängnis zu werfen. Er dachte: *Ich werde alle Menschen, die an Jesus glauben, aus unserem Land vertreiben!*

Und so brachen Saulus und seine grausamen Freunde nach Damaskus auf, um dort alle Christen gefangen zu nehmen. Sie waren noch nicht weit gekommen, als ein helles Licht auf Saulus herabschien und eine laute Stimme dröhnte: „Saulus, Saulus, warum versuchst du, mir Leid zuzufügen?"

Saulus fiel zu Boden. „Wer spricht zu mir?"

„Ich bin es, Jesus, den du so schlecht behandelst", sagte die Stimme.

Saulus dachte darüber nach. *Kann das wahr sein? Ist es möglich, dass die Christen die ganze Zeit über recht hatten und dass ich derjenige war, der falschlag? Ja, ich habe mich geirrt. Jesus ist Gottes Sohn.*

Von diesem Moment an verwandelte sich das Herz von Saulus. Er vertraute auf Jesus. Saulus wurde zum Apostel Paulus, und er reiste kreuz und quer durch die Länder, um so vielen Menschen wie möglich von Jesus zu erzählen.

Gott kann jedes Herz verändern. Auch der gemeinste Tyrann kann durch Gottes Liebe verändert werden.

Ein Sinneswandel

Emmanuel lebt mit seiner Mutter, seinem Vater und seinem kleinen Bruder Abraham im afrikanischen Land Äthiopien. In Emmanuels Erinnerung hat sein Vater Regassa Jesus immer geliebt. Aber Emmanuel hat Geschichten davon gehört, dass Regassa Jesus gehasst hat, als er ein junger Mann war. Und damals, als Regassa Jesus heftig ablehnte, hasste er auch alle Menschen, die Jesus liebten.

Aber dann wurde Regassa krank. Sechs Jahre lange konnte er sich weder um seinen Hof noch um sich selbst kümmern. Sein Leben wurde noch schwerer, als seine erste Frau starb. Er hatte nicht einmal genügend Geld, um die Beerdigung zu bezahlen. Aber die Menschen, die auf Gott vertrauten, wussten von Regassas Not und halfen ihm. Sie nahmen Regassa zu einem Treffen in der Kirche mit. Dort erfuhr er mehr über Jesus und sein Herz wurde weicher. Er fand neue Freunde und wurde gesund. Er gründete eine neue Familie und beschloss, Jesus sein Leben lang nachzufolgen. Heute ist Emmanuels Vater ein glücklicher Mann. Regassas Hof ist so erfolgreich, dass er in seiner Gegend als bester mustergültiger Bauer ausgezeichnet wurde.

Gott gebrauchte ein grelles Licht und eine Stimme vom Himmel, um Saulus zu verwandeln und ihn davon zu überzeugen, dass Jesus Gottes Sohn ist. Gott nutzte harte Zeiten und einige neue christliche Freunde, um das Gleiche bei Regassa zu tun.

★ In der antiken Stadt *Lalibela* wurden tief unter der Erde riesige Kirchen aus Felsen herausgearbeitet.

★ *Injera* ist ein luftiges säuerliches Brot, das in Äthiopien sehr beliebt ist. Da dort beim Essen kein Besteck benutzt wird, verwenden hungrige Kinder ein Stückchen *Injera* anstelle einer Gabel.

Hast du das
gewusst?

Einst war er ein Mann, der Christen hasste – *Regassa* hat sich komplett verändert.

Die Helferin Tabita

Nach **APOSTELGESCHICHTE 9**

O nein, o nein!", jammerten die Frauen. Ihre liebe Freundin Tabita war gestorben. Tabita war einer der nettesten Menschen in der Stadt gewesen. Sie hatte viel Gutes getan und den Armen geholfen. Sie hatte Mäntel und andere Kleidungsstücke für Bedürftige hergestellt. Ihre Freundlichkeit und Großzügigkeit waren sehr geschätzt worden. Sie hatte vielen Menschen geholfen.

Gott erhört unsere
Gebete nicht immer
so, wie wir es
erwarten, aber
er erhört sie
immer.

Als Tabita krank geworden war, hatten sich ihre Freunde um sie gekümmert. Sie waren am Boden zerstört, als sie starb.

Da sagte jemand: „Ich habe gehört, dass Petrus in einer Stadt in unserer Nähe ist. Ich weiß, dass Gott ihm schon einmal geholfen hat, Menschen zu heilen. Vielleicht kann er Tabita zu uns zurückbringen. Warum bitten wir ihn nicht, zu uns zu kommen?"

Als Petrus eintraf, waren Tabitas Freunde und all die Menschen, denen sie geholfen hatte, versammelt. Sie zeigten ihm die Kleidung, die sie gemacht hatte. Sie erzählten ihm, wie freundlich und großzügig sie gewesen war und wie sehr sie Tabita vermissten.

Petrus schickte alle aus dem Raum hinaus. Er kniete neben Tabita nieder und betete. Dann sagte er: „Tabita, steh auf!" Sofort öffnete sie die Augen und richtete sich auf! Als Petrus sie zu ihren Freunden hinausführte, weinten sie vor Freude.

Die Geschichte von Tabita, die ins Leben zurückgekehrt war, verbreitete sich schnell in der ganzen Stadt und viele Leute begannen an Gott zu glauben.

Ein erhörtes Gebet

Hannah wollte unbedingt hundert Kindern helfen, die in Gebieten leben, wo es nicht genügend Nahrung, kein frisches Wasser oder keine Schulen gibt. Zunächst überzeugte sie ihre Eltern, einen kleinen Jungen namens Sandun aus Sri Lanka zu unterstützen. Dann bemühte sie sich, Spender für weitere neunundneunzig Kinder zu finden!

Leider starb Hannah bei einem Unfall, bevor sie ihr Ziel erreichen konnte. Alle waren tieftraurig. Hannah war sehr freundlich gewesen und viele Menschen hatten sie sehr geliebt. Ihre Eltern erhielten über tausend Karten von Freunden, die beschrieben, was für ein wundervoller Mensch Hannah gewesen war und wie sehr sie das Mädchen vermissen würden.

Hannahs Eltern hatten eine Idee. Sie überlegten, was geschehen würde, wenn all die Menschen, die Hannah so sehr liebten, sich für ihr Ziel einsetzen würden. Zusammen könnten sie hundert Sponsoren suchen, um hundert Kindern zu helfen. Berührt durch Hannahs Geschichte, erklärten sich viele Familien bereit zu spenden.

Heute unterstützen sie bedürftige Kinder aus aller Welt mit Geld, Gebeten und Liebe. Sandun aus Sri Lanka wird jetzt von Hannahs Freundin Brooke unterstützt. Sie schreiben sich Briefe und erzählen sich von ihren Eltern und ihrem Leben. Sie schreiben sich auch gegenseitig, wie sehr sie ihre Freundin Hannah vermissen.

Hannah betete dafür, dass Gott Hilfe für hundert Kinder schicken würde und Gott erhörte ihr Gebet.

Sandun **vermisst Hannah, die sich trotz großer Entfernung um ihn gekümmert hat.**

★ **Sri Lanka** ist auch als Nation der lächelnden Menschen bekannt.

★ Ein beliebter Snack in Sri Lanka sind die sogenannten Hoppers. Sie bestehen aus Pfannkuchen, die mit Eiern oder Honig und Joghurt serviert werden.

★ In Sri Lanka gibt es ein Waisenhaus für Elefanten.

Hast du das
gewusst?

Ein starkes Erdbeben

Nach **APOSTELGESCHICHTE 16**

„Diese Männer sind Gottes Diener!" Das Sklavenmädchen rannte durch die Straßen und erzählte laut von Paulus und Silas. „Sie reden darüber, wie man gerettet werden kann!"

Sie rief diese Dinge immer wieder, Tag für Tag. Das Mädchen tat es nicht wirklich selbst, sondern ein böser Geist, der in ihr wohnte.

„Hör auf damit!", sagte Paulus zu dem Geist, aber er machte immer weiter.

Schließlich sagte Paulus: „Im Namen von Jesus Christus, ich befehle dir, diesen Körper zu verlassen!" Der Geist verließ das Mädchen und es war still.

Aber die Männer, denen das Mädchen gehörte, waren nicht erfreut darüber. Sie hatten viel Geld mit dem Mädchen verdient, weil es den Menschen die Zukunft vorhergesagt hatte. Nun zerrten sie Paulus und Silas zur Stadtbehörde und ließen sie ins Gefängnis werfen. Paulus und Silas wurden geschlagen und in einer Zelle in der Mitte des Gefängnisses angekettet.

Und was taten Paulus und Silas? Sie sangen Loblieder und priesen Gott. Die anderen Gefangenen waren beeindruckt, dass Paulus und Silas Gott lobten, obwohl sie im Gefängnis angekettet waren. Aber Paulus und Silas machten sich keine Sorgen, denn sie wussten, dass ihr Gott stärker war als jede Gefängniszelle.

Genau in diesem Moment erschütterte ein Erdbeben das Gefängnis so stark, dass die Kerkertüren aufsprangen.

Die Türen der Zellen schwangen weit auf. Die Ketten fielen von den Armen und Beinen der Gefangenen. Sie hätten alle fliehen können, aber sie taten es nicht. Paulus bat jeden zu bleiben.

O nein! Mein Chef wird mich töten, wenn die ganzen Gefangenen ausgebrochen sind!, dachte der Gefängniswärter.

„Wir sind alle noch hier!", rief Paulus. Der Wärter war überrascht, dass die Männer im Gefängnis geblieben waren. Er wusste, dass er das Paulus und Silas zu verdanken hatte. Darum fragte er: „Meine Herren, wie kann ich gerettet werden?"

„Du musst nur an den Herrn Jesus Christus glauben", sagte Paulus. Der Wärter glaubte ihm und ließ sich und seine ganze Familie von Paulus taufen.

Gott kann – buchstäblich – Türen für uns öffnen, damit wir unseren Glauben mit anderen teilen können. Sei bereit, wenn sie sich öffnen!

Eine offene Tür

Die Erde begann zu beben und die Gebäude stürzten ein. Als das Beben vorbei war, waren nur Haufen von Steinen und Trümmern am Straßenrand übrig. Die Menschen hatten kein Zuhause mehr, keinen Arbeitsplatz und konnten nirgendwo Essen für ihre Familien kaufen.

Die Menschen aus Gujarat in Indien hofften, dass jemand kommen würde, um ihnen beim Wiederaufbau zu helfen. Vielleicht würden Bewohner aus den Nachbarsdörfern bald mit den benötigten Werkzeugen ankommen. Oder wichtige Beamte der Regierung würden ihnen helfen. Stattdessen kamen christliche Freunde und brachten Essen und Baumaterial, um den Menschen aus Gujarat bei einem Neuanfang zu helfen. Die Einwohner waren sehr überrascht. „Wir sind keine Christen", sagten sie, „aber trotzdem helft ihr uns. Warum?" Voller Freude erzählten die Christen, dass sie gekommen waren, weil sie Jesus liebten. Sie erklärten, dass Jesus die Menschen aus Gujarat liebte und wollte, dass sie seine Liebe erfuhren.

Als ein Erdbeben das Gefängnis, in dem Paulus und Silas saßen, erschütterte, sprangen die Türen auf, und die Ketten fielen ab. Paulus gab die gute Nachricht von Jesus weiter und der Gefängniswärter und seine Familie konnten gerettet werden. Als Gujarat von einem Erdbeben erschüttert wurde, öffnete Gott auf andere Art eine Tür, damit die christlichen Freunde den Menschen von Gottes Liebe erzählen konnten.

Christen helfen den Menschen in Indien nach einem Erdbeben.

★ Der indische Nationalsport ist Hockey.

★ Der Himalaja erhielt seinen Namen von den Sanskrit-Worten hima („Schnee") und alaya („Lehmstein"). Hier sind die höchsten Berge der Welt beheimatet und sie wachsen jedes Jahr weiter!

Hast du das
gewusst?

Die Rüstung Gottes

Nach dem **2. KORINTHERBRIEF 11 UND DEM EPHESERBRIEF 6**

Nichts konnte Paulus davon abhalten, Menschen von Jesus zu erzählen – kein Schiffbruch, keine Schläge, nicht einmal das Gefängnis! Und wenn Paulus nicht in eigener Person vor den ersten Christen predigen konnte, schrieb er ihnen Briefe.

„Seid stark durch den Herrn und seine Kraft! Legt Gottes Rüstung an, damit ihr stark bleiben und Gott weiterhin vertrauen und folgen könnt, wenn euch der Teufel angreift!", schrieb Paulus an die Anhänger von Jesus.

Paulus wollte den Menschen sagen, dass die Anhänger von Jesus genauso Schutz brauchen wie ein Soldat, der sich im Kampf mit einer Rüstung schützt.

Er zählte sechs Teile der Rüstung auf – Gürtel,

Brustplatte, Schuhe, Schild, Helm und Schwert –, die jeder Christ tragen muss, um in dieser Welt geschützt zu sein.

Aber es handelt sich nicht um gewöhnliche Teile einer Rüstung. Nein, diese Teile stehen für Gottes Wahrheit, für Gerechtigkeit, Frieden, Glauben, Rettung und Gottes Wort.

Nachdem Gottes Leute ihre Rüstung angelegt haben, gibt es noch eine wichtige Sache, die sie tun müssen: beten! Paulus wusste, dass der Teufel die Menschen mit allen Mitteln davon abhalten will, Gott zu dienen und an ihn zu glauben. Die einzige Möglichkeit, diesen Kampf zu gewinnen, liegt darin, Gottes Rüstung anzulegen und zu beten, dass er uns hilft, stark zu bleiben.

Beginne jeden Tag mit Gottes ganzer Rüstung, damit du bereit bist, ihm zu folgen und zu vertrauen. Denke immer daran, dass er bei dir ist und für dich kämpft!

Das große Wettrennen

Nach dem **1. KORINTHERBRIEF 9**

Paulus schrieb einmal, dass sich das christliche Leben mit einem Wettrennen vergleichen lässt. Es erfordert harte Arbeit und einen hohen Einsatz. Und wenn das Rennen beendet ist, gibt es einen Preis! Wenn die Läufer sich auf das Rennen vorbereiten, absolvieren sie ein striktes Training. Sie achten auf ihre Ernährung, sie ruhen sich gründlich aus und sie trainieren jeden Tag. Genau wie die Wettkämpfer ihr tägliches Training brauchen, ist das Training auch für Christen wichtig.

Wenn wir jeden Tag versuchen, Gott zu dienen und mit ihm zu sprechen, in seinem Wort zu lesen und ihm zu gehorchen, kommen wir ihm immer näher.

Am Tag des großen Wettrennens stellen sich die Läufer in einer Reihe auf und richten den Blick fest auf die Ziellinie. Jeder von ihnen möchte den Preis gewinnen. Am Ende des Rennens bekommt aber nur ein Läufer eine Goldmedaille. Bei den Christen ist das anders. Wenn wir Jesus fest im Blick behalten und so leben, wie es ihm gefällt, werden wir alle einen Preis bekommen! Alle, die an Gott glauben und ihm vertrauen, werden im Himmel eine Krone tragen – und das ist viel besser als eine Goldmedaille. Es ist eine Krone, die wir für immer behalten werden!

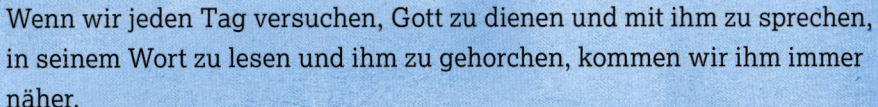

Lebe dein Leben so wie ein Läufer, der einen ewigen Preis gewinnen will. Diene Gott und rede mit ihm, lies sein Wort und versuche ihm zu gehorchen!

Um den Sieg laufen

Machst du gerne Sport? Hast du schon mal davon geträumt, an den Olympischen Spielen teilzunehmen? Nataly träumte davon. Aber ihre Familie war arm und sie glaubte nicht daran, dass sie jemals die Chance bekommen würde, für ihr Land El Salvador als olympische Läuferin anzutreten.

„Über die Hügel und durch die Dörfer zu laufen, war für mich eine Möglichkeit, meine ganze Energie loszuwerden", erklärt Nataly. Aber es stellte sich heraus, dass Nataly nicht nur voller Energie war, sondern auch sehr schnell. Als sie zehn Jahre alt war, erhielt sie Hilfe von *World Vision*. Nun musste sie nicht mehr arbeiten und Essen von einem Karren verkaufen, sondern konnte zur Schule gehen. Als die Leute an ihrer Schule sahen, wie schnell sie rennen konnte, schickten sie Nataly an das nationale Sportinstitut von El Salvador. Dort durfte sie ein besonderes Training absolvieren. Nataly strengte sich sehr an und 2012 trat sie für ihr Land bei den Olympischen Spielen an. Sie gewann keine Medaille, aber sie stellte in ihrer Disziplin einen neuen Rekord für ihr Land auf!

Als ihre Freunde von *World Vision* begannen, Nataly zu unterstützen, wussten sie nicht, dass sie jemandem halfen, der einmal Olympialäufer sein würde. Was sie aber wussten, war, dass Jesus uns dazu auffordert, Bedürftigen zu helfen. Nataly versucht weiterhin ihren Traum von einer Olympiamedaille zu verwirklichen.

Gott gab Nataly die Fähigkeit, schnell zu laufen.

Hast du das gewusst?

★ El Salvador ist das **kleinste** Land in Mittelamerika.

★ Die Hauptstadt San Salvador hat den Spitznamen „Tal der Hängematten". Es gibt dort so viele **Erdbeben**, dass die Menschen Betten brauchen, die mit der Bewegung der Erde mitschwingen können.

Unser Bruder, unser Freund

Nach dem **BRIEF AN PHILEMON**

Paulus war ein Gefangener in Rom, als er den geflohenen Sklaven Onesimus traf. Onesimus gehörte einem Mann namens Philemon, der ein Freund von Paulus war. Paulus hatte Philemon von Jesus erzählt – und er sprach auch mit Onesimus über ihn.

Nachdem Onesimus ein Anhänger von Jesus geworden war, wurde er ein guter Gehilfe für Paulus, und Paulus behandelte ihn wie einen Sohn. Paulus liebte ihn sehr, aber er wusste, dass es nötig war, ihn zu Philemon zurückzuschicken.

„Philemon", schrieb Paulus, „ich weiß, dass Onesimus dein Sklave war und dass er dir weggelaufen ist, aber jetzt ist er dein Glaubensbruder. Bitte heiße ihn so willkommen, wie du es auch bei mir tun würdest. Wenn er dir etwas schuldet, berechne es mir. Ich werde seine Schulden bezahlen. Und ich weiß, Philemon, dass du noch mehr tun wirst, als ich von dir verlange."

Paulus bat Philemon, Onesimus wie einen Bruder und nicht wie einen Sklaven aufzunehmen. Er sollte ihn mit Freundlichkeit behandeln. Schließlich war Onesimus nun ein Mitarbeiter im Dienst von Jesus, genau wie Philemon und Paulus.

Wir sollten alle
Menschen freund-
lich und mit
Rücksicht
behandeln, egal
wer sie sind, wie
sie aussehen
oder was sie in
der Vergangen-
heit getan
haben.

Gott liebt uns so, wie wir sind

Neti kränkte es sehr, als die Menschen im albanischen Bathore ihn beschimpften. Es war nicht seine Schuld, dass er anders aussah als die anderen Kinder. Als er noch ein Baby war, wurde sein Gesicht bei einem Unfall verbrannt. Trotzdem behandelten ihn die Menschen aufgrund seines Aussehens schlecht. Das machte Neti sehr traurig.

Dann hörte Neti vom *Internationalen Tag für Kinder mit Behinderung.* Es waren christliche Freunde, die diesen speziellen Tag organisierten. Sie hofften, dass Kinder mit Behinderung an diesem Tag neue Freunde finden würden. Neti war sehr aufgeregt, dass er an dieser Veranstaltung teilnehmen durfte. Zum ersten Mal in seinem Leben fühlte er sich wohl und wichtig.

Eine der Helferinnen, Besmita, sagte nach der Begegnung mit Neti, er sei „intelligent und lebhaft". Außerdem wollten alle Kinder auf dem Fest etwas mit ihm machen. Neti wünschte sich, alle Kinder wären so nett wie die, die er an diesem Tag getroffen hatte.

Die Begegnung mit anderen Kindern, die ihn freundlich und respektvoll behandeln, soll Neti begreiflich machen, dass es nicht auf sein Aussehen ankommt. Das ist Besmitas Hoffnung. Sie möchte ihm vermitteln, dass Gott ihn so liebt, wie er ist.

Gott ist es egal, wer wir sind, wie wir aussehen oder – wie bei Onesimus – was wir in der Vergangenheit getan haben. Nachdem Neti die christlichen Freunde und andere Kinder mit Behinderungen getroffen hat, versteht er langsam, dass wir in Gottes Augen alle wertvoll sind.

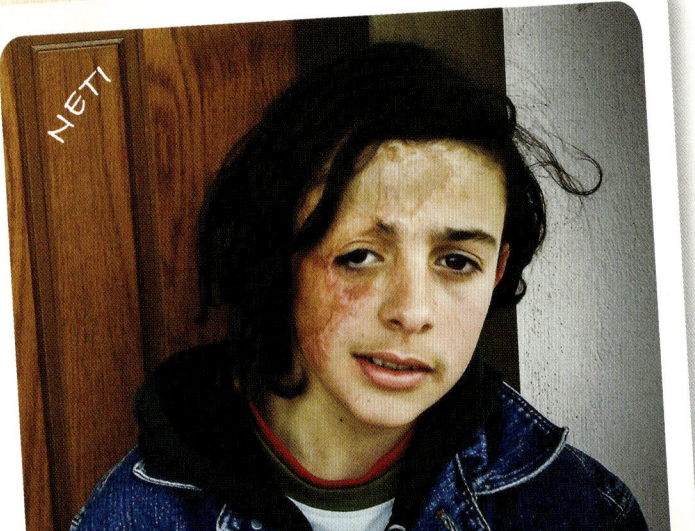

NETI

Kinder lernen, dass sie in Gottes Augen wertvoll sind.

Hast du das gewusst?

★ Die traditionelle albanische Kleidung für Männer besteht unter anderem aus einem Fustanella (einem weißen Faltenrock) und einer Qeleshe (einer weißen Filzkappe). Die Kappe hat in den verschiedenen Teilen Albaniens unterschiedliche Formen.

★ Albaner essen gerne Byrek me spinak, eine traditionelle Pastete mit Spinat und Käse.

★ In der Mitte der albanischen Flagge ist ein zweiköpfiger schwarzer Adler abgebildet. Er soll treu über den albanischen König wachen und ihn leiten.

Der König kehrt zurück!

Nach dem **BUCH DER OFFENBARUNG**

Kennst du Jesus schon? Ich möchte dir von meinem Freund erzählen."

Der Apostel Johannes liebte Jesus so sehr, dass er *allen* von Jesus erzählte. Immer wieder befahlen ihm die religiösen Oberhäupter, die Jesus ablehnten, damit aufzuhören. Als er das nicht tat, schickten sie ihn weit weg auf die Insel Patmos. Dort musste er nun allein leben.

Während er auf Patmos war, hatte Johannes einen unglaublichen Traum. Gott schenkte ihm einen Traum von der Zukunft.

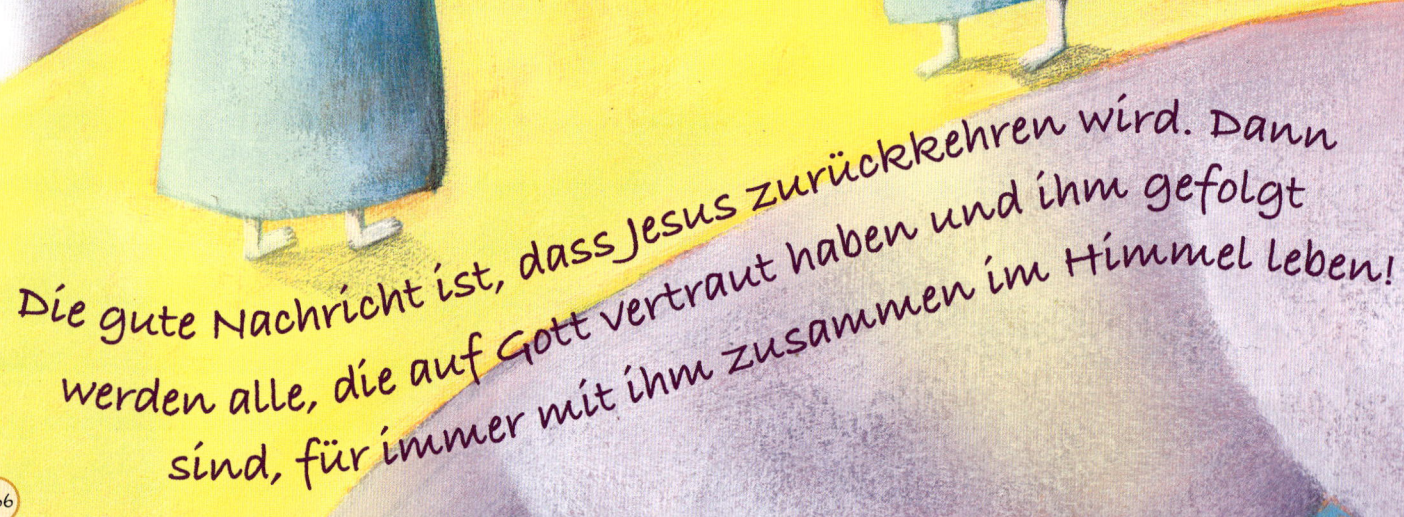

Die gute Nachricht ist, dass Jesus zurückkehren wird. Dann werden alle, die auf Gott vertraut haben und ihm gefolgt sind, für immer mit ihm zusammen im Himmel leben!

Der Himmel ist ein wundervoller Ort, an dem es weder Schmerzen noch Traurigkeit gibt. Und das Beste am Himmel ist, dass Gott, der uns unvorstellbar liebt, dort bei uns sein wird.

In seinem Traum sah Johannes furchtbare Kämpfe und schreckliche Stürme. Der Teufel tat sein Möglichstes, um die Menschen von Gott abzubringen. Aber der Traum versprach, dass Jesus zu denen zurückkommen würde, die an ihn glaubten und ihm treu folgten. Eigentlich müssen sich die Anhänger von Jesus nicht vor der Zukunft fürchten, denn wir wissen, wer den Kampf gewinnen wird – unser großer Gott!

Der letzte Teil von Johannes' Traum war das Beste. Er sah den Himmel. Dort werden Menschenmengen aus allen Nationen zusammen sein und Gott laut und fröhlich preisen. Gott wird jede Träne abwischen und es wird keine Traurigkeit, keine Schmerzen und keinen Tod mehr geben.

Gottes Aufgabe erfüllen

Jesus hat versprochen, dass er eines Tages zurückkehren wird, aber bis dahin haben wir eine Aufgabe zu erfüllen. Wir sollen Gott und unsere Nächsten lieben.

Wir zeigen unsere Liebe zu Gott, indem wir ihn verehren und loben. Außerdem zeigen wir unsere Liebe zu ihm, indem wir die anderen Menschen, die er geschaffen hat, lieben und ihnen helfen. Manchmal können wir unsere Liebe zeigen, indem wir dafür sorgen, dass andere Menschen, die wir gar nicht kennen, genug Essen, frisches Wasser und ein sicheres Zuhause haben. Manchmal zeigt sich unsere Liebe zu anderen Menschen, indem wir uns Zeit nehmen und freundlich sind.

Das ist die Aufgabe, die Jesus uns gegeben hat. Es ist keine einfache Aufgabe, aber wenn wir unsere Liebe zu Gott zeigen, indem wir anderen helfen, werden die Menschen erkennen, wie sehr Jesus sie liebt.

Gott möchte, dass wir den Menschen in aller Welt zeigen, wie sehr er sie liebt. Das ist eine wichtige Aufgabe, aber Gott wird dich bei jedem Schritt auf deinem Weg leiten!

Wie können wir helfen?

Manchmal scheinen die Probleme auf dieser Welt unlösbar. So viele Kinder haben kein Essen, kein Wasser oder kein Zuhause. Es gibt keine Schule in ihrer Stadt oder keinen Arzt, den sie aufsuchen könnten, wenn sie krank sind. Aber viele andere Kinder auf dieser Welt sind sehr gut versorgt. Wie können Kinder, denen es so gut geht, den Kindern helfen, denen so viel fehlt?

Die Schüler der *Wheaton Academy* in Westchicago in Illinois wollten eine Antwort auf diese wichtige Frage finden. Darum begannen sie zu beten. Sie baten Gott darum, ihnen zu zeigen, was sie für ihn tun sollten. Für sie war es eine Antwort, als sie einen Katalog von *World Vision* bekamen. Hier waren viele Dinge aufgelistet, die Kinder aus aller Welt benötigten. Auf einer Seite war das Foto einer Schule abgebildet. Das kleine Dorf Kakolo in Sambia brauchte eine Schule, aber in dem Katalog stand, dass der Bau umgerechnet ca. 47 000 € kosten würde. Das war eine Menge Geld und die Schüler besaßen nicht einmal annähernd so viel. Trotzdem waren sie davon überzeugt, dass es Gottes Auftrag für sie war, eine Schule für die Kinder in Sambia zu bauen.

Die Schüler begannen Geld zu sammeln. Sie veranstalteten ein Völkerball-turnier. Sie organisierten eine Talentshow. Sie nahmen das Geld, das sie eigentlich für sich selbst ausgegeben hätten, und steckten es in eine besondere Kasse. Es war eine große Überraschung für alle, als sie am Ende des Jahres mehr als genug Geld gesammelt hatten, um für die Schule zu bezahlen!

Noch überraschender war, dass die Kinder der *Wheaton Academy* angefangen hatten, die Kinder in Kakolo zu lieben. Durch ihr Gebet und ihre Anstrengungen, ihnen zu helfen, hatten sich die Kinder in ein Dorf auf der anderen Seite der Welt verliebt. Gott legte es ihnen aufs Herz, anderen zu dienen, und als sie gehorchten, wurden sie gesegnet. Nicht jeder kann eine Schule bauen, aber wir alle können etwas tun, um die Welt zu verbessern. Bitte Gott, dir zu zeigen, was du tun kannst!

Schüler der Wheaton Academy **fanden heraus, dass sie viel für die Kinder in Sambia tun konnten.**

Hast du das gewusst?

★ **Kakolo** liegt in der Nähe der Grenze zwischen Sambia und Tansania.

★ Die meisten Menschen in Sambia sind Bantu und sprechen Bemba. Die Sambier sprechen aber noch über **70** weitere **Sprachen**.

★ Die Sambier leben üblicherweise als **Großfamilien** in Häusergruppen zusammen, damit sie einander helfen können.

Ein Gebet für Kinder aus aller Welt

Unser lieber Vater im Himmel,
wir danken dir für alles, was du für uns getan hast.
Danke, dass du da bist.
Wir bitten, dass wir dich kennenlernen dürfen
und dass wir dir ähnlicher werden, je älter wir werden.
Bitte gebrauche uns, um dein Werk in der Welt zu vollbringen:
um jedes frierende Kind mit einer warmen Decke zuzudecken
und ihm den Schutz eines Hauses zu geben,
um jedem kranken Kind die nötige Medizin zu geben,
um jedes hungrige und durstige Kind mit frischer Nahrung
und sauberem Wasser zu versorgen,
um den Kindern, die keine Möglichkeit zum Lernen haben,
Bücher zu bringen und Bildung zu ermöglichen.
Bitte sei bei jedem Kind, das friert,
und wärme es mit deiner Liebe.
Bitte sei bei jedem Kind, das krank ist,
und berühre es mit deiner heilenden Hand.
Bitte sei bei jedem Kind, das hungrig ist,
und sättige es mit dem Brot des Lebens.
Bitte sei bei jedem Kind, das durstig ist,
und stille seinen Durst mit lebendigem Wasser.
Bitte sei bei jedem Kind, das dich als Retter braucht,
und erzähle ihm durch dein heiliges Wort von dem Gott, der Kinder
so sehr liebt.

In Jesu Namen
Amen.